番禺区镇街产业发展研究

Research on Industrial Development of Towns and Streets in Panyu District

陆明祥　著

中山大學出版社
SUN YAT-SEN UNIVERSITY PRESS
·广州·

图书在版编目（CIP）数据

番禺区镇街产业发展研究／陆明祥著．—广州：中山大学出版社，2018.7
ISBN 978－7－306－06377－9

Ⅰ.①番…　Ⅱ.①陆…　Ⅲ.①地方经济—产业发展—研究—番禺区　Ⅳ.①F269.276.55

中国版本图书馆 CIP 数据核字（2018）第 135480 号

PANYUQU ZHENJIE CHANYE FAZHAN YANJIU

出 版 人：王天琪
策划编辑：金继伟
责任编辑：林彩云
封面设计：曾　斌
责任校对：廖丽玲
责任技编：何雅涛
出版发行：中山大学出版社
电　　话：编辑部 020－84110771，84110283，84111997，84110779
　　　　　发行部 020－84111998，84111981，84111160
地　　址：广州市新港西路 135 号
邮　　编：510275　　传　　真：020－84036565
网　　址：http://www.zsup.com.cn　E-mail:zdcbs@mail.sysu.edu.cn
印 刷 者：广州家联印刷有限公司
规　　格：787mm×1092mm　1/16　10.75 印张　200 千字
版次印次：2018 年 7 月第 1 版　　2018 年 7 月第 1 次印刷
定　　价：58.00 元

前　　言

2011—2012 年，笔者主持了“广州市番禺区沙湾镇中长期经济社会发展规划（2011—2020）”的课题项目，课题成员主要有张翠玲教授、郭盛晖博士等，笔者主要负责沙湾镇城镇功能定位及产业发展研究，张翠玲教授主要负责社会文化发展部分的研究，郭盛晖博士主要负责旅游业发展及规划研究。通过紧张的调研和辛苦的工作，我们最终顺利完成了该项课题研究，并得到沙湾镇的认可。在沙湾镇政府主持召开的结题会上，沙湾镇党委书记、镇长及其班子成员，镇主要职能部门、企业和村的主要领导，以及广州番禺职业技术学院所有参与课题项目调研的 10 多位同事共同与会，对本项研究成果进行了认证、研讨和学习，获得一致好评。

2013 年，笔者主持申报的番禺区软科学课题“番禺区产业升级路径及政策研究”（课题号：2013 - Z05 - 04）又获得立项支持，从而可以继续进行对番禺区镇街产业发展的研究。

2015 年，广州番禺职业技术学院金融管理专业又获得广东省一类品牌专业建设立项，使得笔者有机会对地方产业和经济进一步深入研究。

现在出版的这部著作，是对所有这些前期研究的一个总结，其中旅游业发展部分由郭盛晖博士执笔完成，社会文化事业部分由张翠玲教授完成，其余部分由笔者执笔撰写。

本研究认为，番禺区镇街产业模式主要有两种，一种是市区主导发展的模式（以广州南站、大学城、番禺汽车城、广州新城等为典型）；另一种是自主发展模式（以沙湾镇为典型）。本研究以沙湾镇为典型，重点探讨了以自主发展为主的镇街产业如何发展的问题，如有疏漏之处，欢迎读者进一步指正。

陆明祥

2018 年 4 月于番禺青山湖畔

目　录

第一章　引论

第一节　番禺区的6镇10街

一、番禺区镇街的发展沿革

番禺，1992年5月撤县建市，2001年7月正式撤市设区（有16个镇6个街道，土地面积达1313.8平方公里）。2005年10月，番禺区分设为新番禺区（有8个镇11个街道，土地面积786.15平方公里）和南沙区（527.65平方公里）。2012年9月，番禺区的东涌镇、大岗镇、榄核镇划归南沙区管辖，番禺区由此确定为现在的6个镇10个街道（如图1.1所示），共529.94平方公里的土地面积。

图1.1　番禺区的6镇10街

2002年3月28日，原市桥镇分设为市桥街（11.35平方公里）、桥南街（2.6平方公里）、东环街（11平方公里）和沙头街（18.1平方公里）。2007年1月1日起，原沙湾镇的陈涌村、蚬涌村、草河村和陇枕社区居委划归桥南街，桥南街由2.6平方公里辖区面积增加到17.85平方公里，沙湾镇则由51.71平方公里的辖区面积变为37.45平方公里。2004年，新造镇正式分设为新造镇和小谷围街道，小谷围街道于2004年9月29日正式挂牌成立，辖区面积20.15平方公里，新造镇辖区面积由34平方公里变为13.85平方公里。2006年1月25日，大石街道分设为大石街（19.34平方公里）和洛浦街（25.38平方公里）。2009年6月18日，钟村镇分设为钟村镇（23.41平方公里，2010年1月钟村镇又进一步撤镇设街，辖区面积不变）和石壁街（27.01平方公里）。2010年1月28日，石碁镇分设为新石碁镇和大龙街道。调整后，新石碁镇行政区域总面积46.2平方公里，大龙街道行政区域总面积24.8平方公里。

二、番禺区6镇10街的发展情况比较

现在，番禺区的6个镇中，北面有3个：南村镇（47平方公里）、新造镇和化龙镇（55.7平方公里）；南面也有3个：沙湾镇、石碁镇和石楼镇（121.04平方公里，2002年3月莲花山镇并入石楼镇），除沙湾镇在番禺区西部，南村镇在番禺区中北部外，新造镇、化龙镇、石楼镇和石碁镇都位于番禺区东部。番禺区的10个街，南边以市桥街为中心分布着5个，北边以大石为中心分布着4个，再就是最北边的广州大学城——小谷围街。很明显，番禺区的主要街道分布在与佛山市南海区和顺德区接壤的番禺区的中西部（除了西南端的沙湾镇），而建制镇主要分布在番禺区东部，番禺区东部的石楼镇和化龙镇，辖区面积最大，石楼镇第一（121.04平方公里）、化龙镇第二（55.7平方公里），石楼镇是广州新城（亚运城）所在地，化龙镇是汽车新城（广汽基地）所在地。

番禺中心城区，主要指1镇5街：沙湾镇和市桥街、桥南街、东环街、沙头街和大龙街，面积95.75平方公里（远低于石楼一镇的121.04平方公里）。6镇的面积为321.24平方公里，10街的面积为197.92平方公里，6镇10街辖区面积合计519.16平方公里[①]（如图1.2所示）。

---

① 根据《番禺年鉴（2016）》，在有关番禺概貌的介绍里，番禺区总面积为529.94平方公里，而在有关镇街概貌的介绍里，将各镇街辖区面积加总，为519.16平方公里，两者相差10.78平方公里。

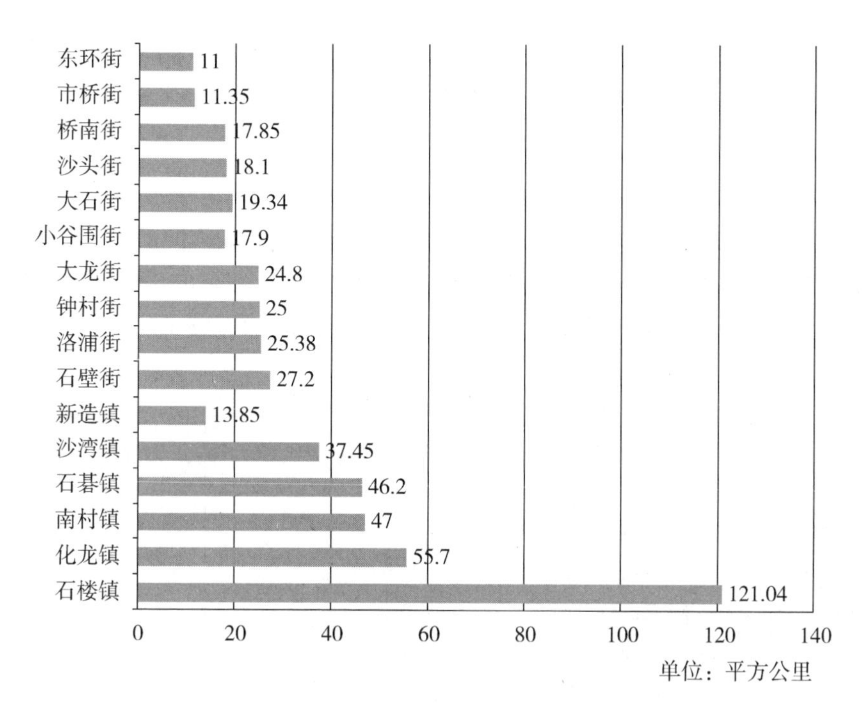

图 1.2　番禺区各镇街的辖区面积（2015 年）

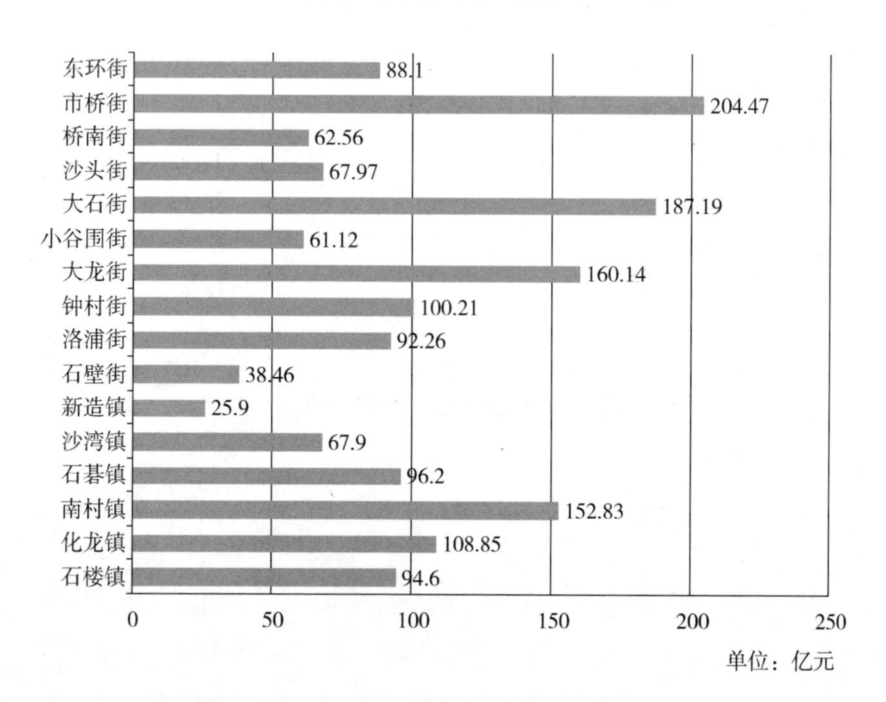

图 1.3　番禺区各镇街地区生产总值（2015 年）

从图 1. 3 可见，2015 年，番禺区 6 镇 10 街中，本地生产总值排名前三甲的都是街道，即市桥街、大石街和大龙街，6 镇之中，南村镇最高，在全区排第 4 位。

若就 2015 年番禺区各镇街的地均地区生产总值来看（如图 1. 4 所示），10 街的水平更是远远超过 6 镇，10 街中最高的市桥街道的地均地区生产总值更是高达每平方公里 18. 01 万元，6 镇中最高的南村镇也仅为 3. 25 万元/平方公里，只高于 10 街中刚刚开始开发的石壁街。

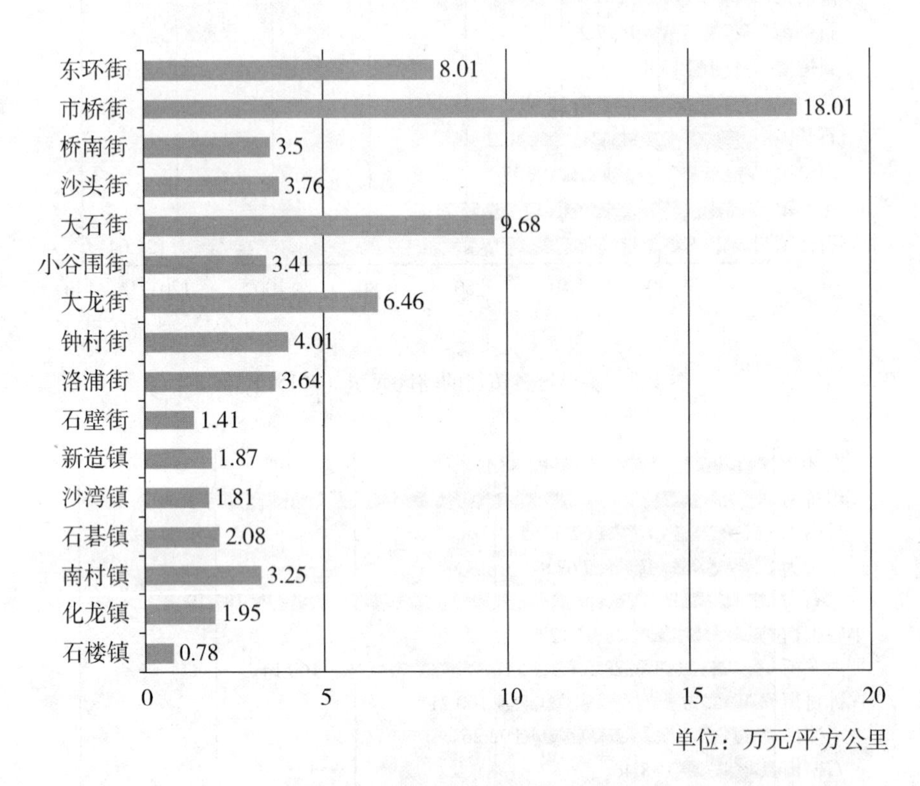

图 1. 4　番禺区各镇街地均地区生产总值（2015 年）

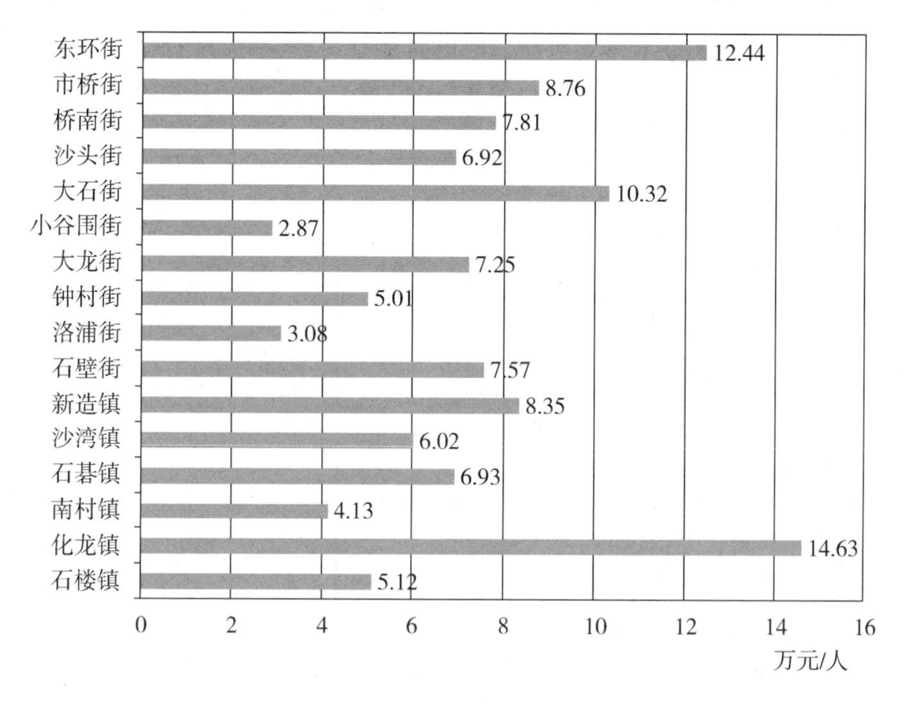

图 1.5　番禺区各镇街人均地区生产总值（2015 年）

不过，从 2015 年番禺区各镇街人均地区生产总值来看（如图 1.5 所示），化龙镇最高，达 14.63 万元/人，高于东环街的 12.44 万元/人、大石街的 10.32 万元/人、市桥街的 8.76 万元/人。其中原因，可以从番禺区各镇街人口密度的差异中找到。小谷围街因是广州大学城所在地，外来人口多（但多为学生，从业人口并不多），以至于其人均地区生产总值在番禺区垫底，只有 2.87 万元/人；化龙镇是广汽集团的汽车基地，汽车产业创造了化龙镇地区生产总值的大部分，但招录使用的产业人口却有限，因而人均地区生产总值相当高，今后会更高①。从 2015 年番禺区各镇街人口密度来看（如图 1.6 所示），10 街的人口密度要远高于 6 镇的人口密度，人口密度高的镇街，其地均地区生产总值一般也高，镇街集聚人口的能力越高，它在单位土地面积里所能创造的地区生产总值一般也高，市桥

① 化龙镇完成的地区生产总值，2015 年 109 亿，2016 年 144 亿元，2017 年 189 亿元，年均增长速度惊人（约 30%），但年末总人口变化甚微。2015 年为 7.44 万人，2017 年为 7.88 万人。2017 年与 2015 年相比，化龙镇的本地生产总值增长达 1.73 倍，但人口仅增长 1.06 倍。

街、大石街、洛浦街、大龙街都表现得很明显，唯一的例外是小谷围街（其较高的人口密度不是来自产业，而是来自大学城）。人口密度低的镇街，人均地区生产总值水平难以提高，但人均地区生产总值可以在短期内达到很高水平，这以化龙镇为典型。

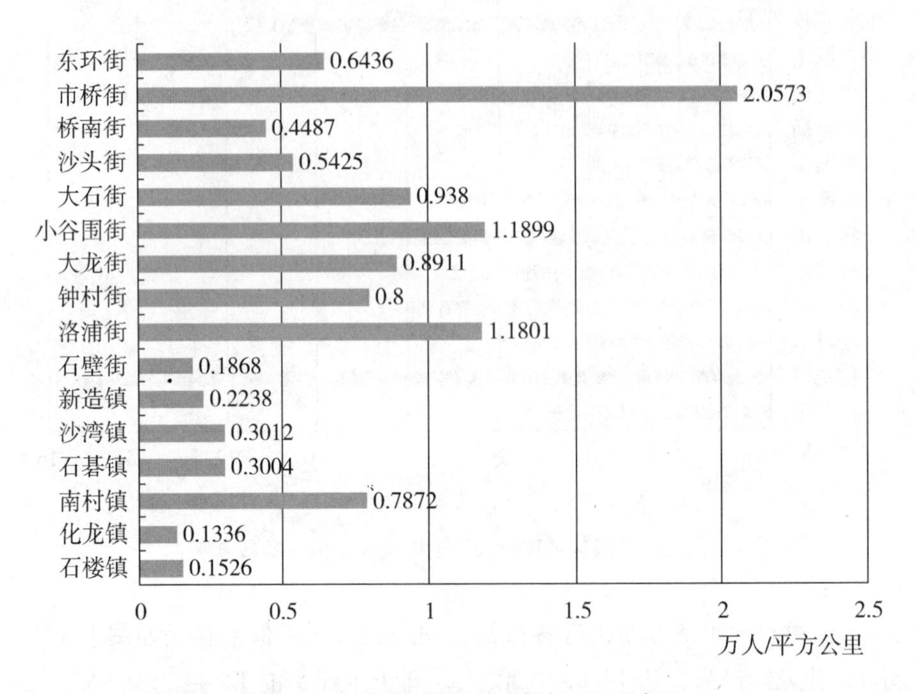

图 1.6　番禺区各镇街人口密度（2015 年）

三、番禺区跨镇街的发展规划

镇街是番禺区产业发展和经济进步的主要落脚点和支撑，但番禺区经济发展也往往需要突破镇街的行政区划局限，开展跨镇街的经济发展规划。番禺传统中心城区，主要指以市桥街为中心的“1 镇 5 街”：沙湾镇、市桥街、桥南街、东环街、沙头街和大龙街；大石街和洛浦街也开发较早、开发程度较高，大石街和洛浦街 2015 年人口密度均较高，分别为 0. 9380 万人/平方公里和 1. 1801 万人/平方公里。番禺区新城建设和新产业发展，不再也不可能将重点放在开发程度较高的市桥中心区和大石中心区。从区块看，番禺西部片区是广州西连佛山的重要部分，广佛同城的合作区主要由广州南站商务区的规划来引领。番禺中部片区是广州新中轴线的延伸区域，是广州南拓的重点区域之一，从珠江新城、广州塔向南就到了番禺区的中部片区。番禺中部片区是番禺中心城区，又可分为番禺中心城区北区（番禺新城或汉溪长隆万博商务区）、番禺中心城区市桥（市桥街、东环街、沙头街及大龙街）和番禺中心城区南区（桥南街和沙湾镇）。番禺东部片区是番禺区的大学城、国际创新城、汽车新城和亚运城，也是广州市规划的大学城、汽车城、国际创新城和广州新城，处于珠江创新带。

（一）广州市关于番禺区的规划定位：从都会区到主城区[①]

在2012公示的《广州城市总体规划（2011—2020）（草案）》中，番禺区全区被纳入广州市都会区（如图1.7所示）；在2018年公示的《广州市城市总体规划（2017—2035年）（草案）》中，番禺区广明高速以北区域进一步被纳入广州市主城区。都会区重点发展现代商贸、金融保险、文化创意、医疗健康、商务与科技信息和总部经济等现代服务业；主城区是承担科技创新、文化交往和综合服务职能的核心区域。

2012年12月25日，广州市人大常委会不仅审议了《广州市城市总体规划（2011—2020）（草案）》，还审议了《广州市“123”城市功能布局规划》，2013年3月，番禺区还制订了《番禺区实施广州市“123”城市功能布局规划城市建设方案》。

在《广州市“123”城市功能布局规划》中（如图1.8所示），番禺区确立了4个组团，分别为以广州南站商务区为核心的时尚购物功能组团，市桥中心区的时尚生活功能组团，大学城、创新城为核心的时尚创意功能组团和亚运城、莲花山为核心的时尚休闲及高端服务功能组团。

① 都会区一般指都市圈、经济圈，主城区一般指城市中心区或城市核心区。2018年，番禺北部纳入主城区是指番禺北部作为广州或广佛都市圈的中心区、核心区，从而明确了番禺区分为两部分，番禺北部是广州中心区的一部分，而番禺南部则是卫星城、新城。

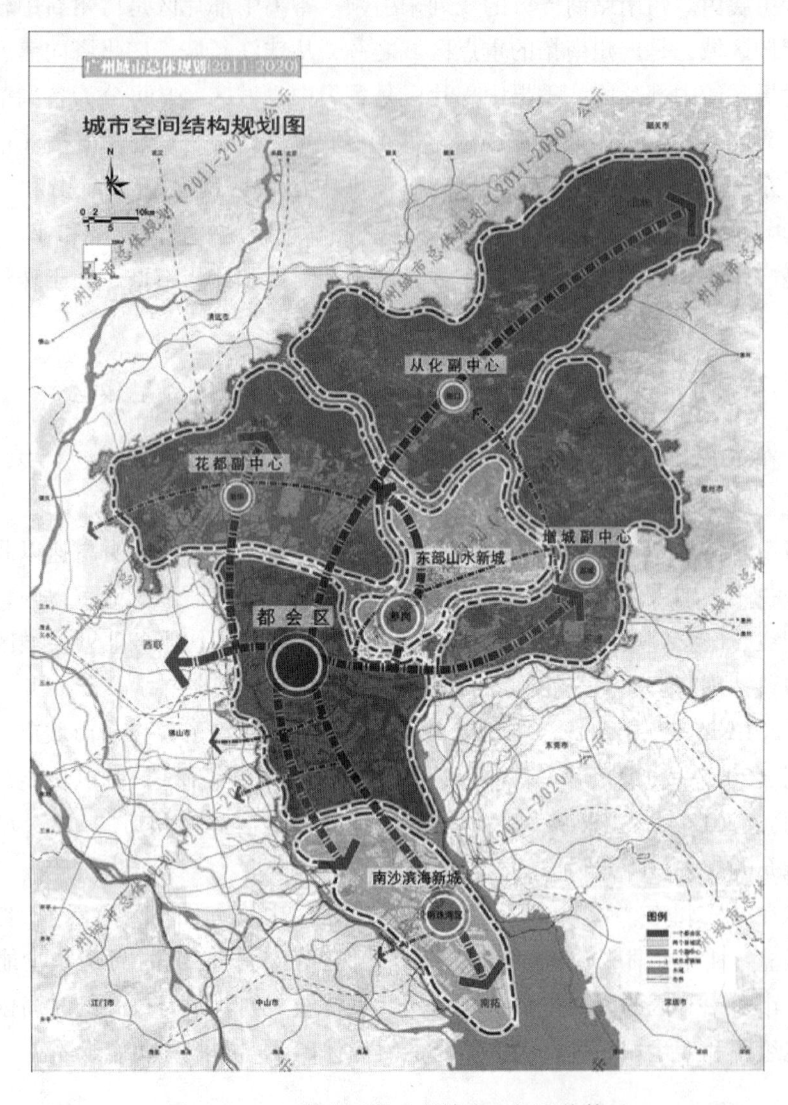

图 1.7　2012 年公示的广州城市空间网络体系

番禺区广明高速的南北区域分布如图 1.9 所示，而按照 2018 年公布的《广州市城市总体规划（2017—2035 年）（草案）》（如图 1.10 所示），广州市明确将番禺区广明高速以北地区纳入了主城区的范围，番禺区广明高速以北地区覆盖了小谷围街（广州大学城）、化龙镇北部（广汽基地没有包含在内）、新造镇（广州大学城南部拓展区域、广州国际创新城）、南村镇（万博商务区）、大石街（汉溪长隆）、洛浦街、石壁街（广州南

图 1.8　广州市“123”城市功能布局规划

站）、钟村街北部等大片范围。番禺北部区域作为广州向南拓展的自然延伸（如图 1.11、图 1.12 所示），一度只是广州产业人口的“卧室”，番禺广明高速以北区域成了公共配套资源极度匮乏的著名“睡城”，现在是到改变的新时期了。

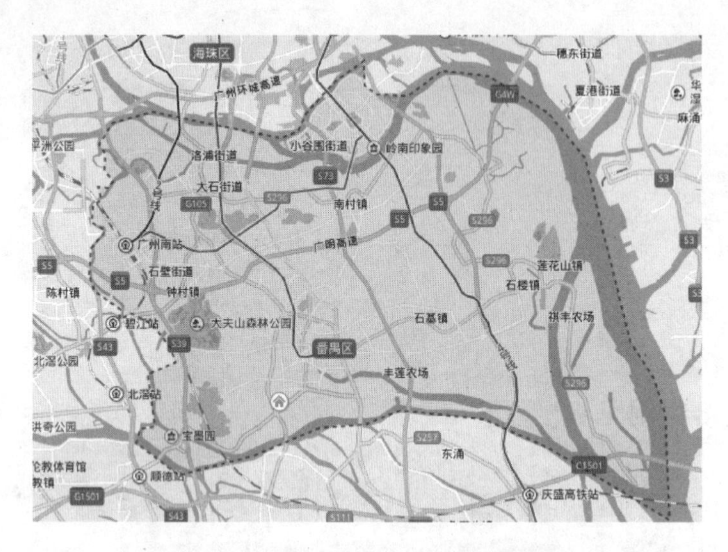

图 1.9　番禺区广明高速的南北区域①

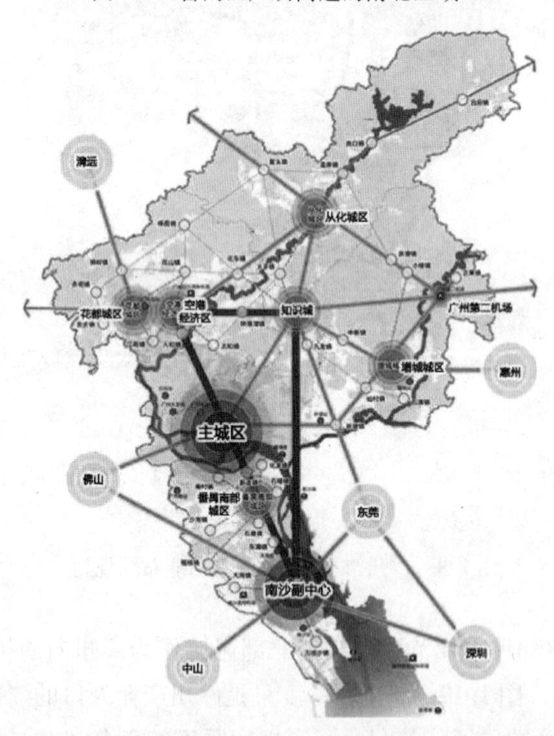

图 1.10　2018 年公布的广州城乡空间网络体系②

---

① 资料来源：百度地图。

② 资料来源：《广州市城市总体规划（2017—2035 年）》草案。

图 1.11　广州地铁三号线①

① 资料来源：百度地图。

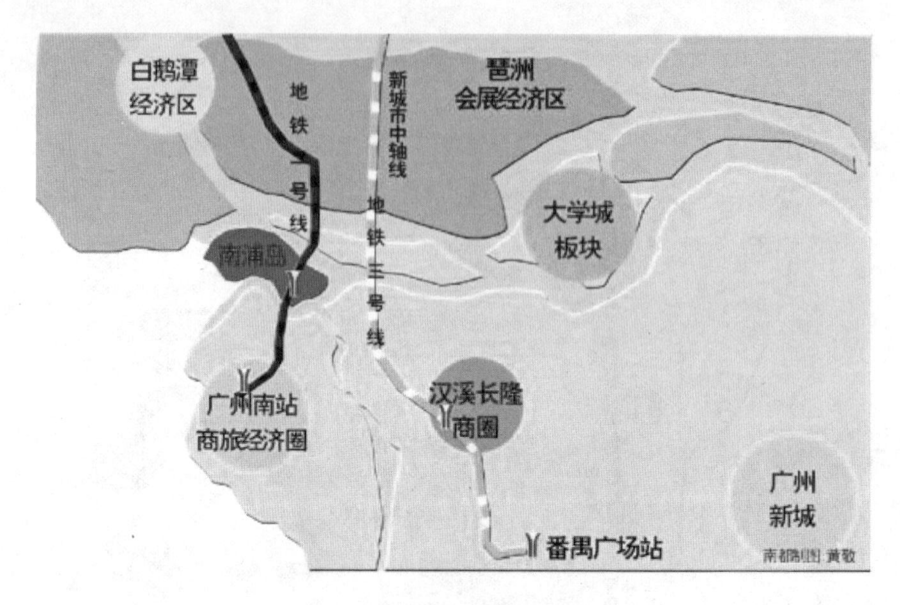

图 1.12　广州南拓番禺中心线

（二）番禺区的总体规划：两轴两带六组团

根据番禺区的详细规划①，番禺区要形成“两轴两带六组团”的总体结构：两轴呈南北走向，一轴是东部知识创新轴线和西部的生活服务轴线；两带呈东西走向，北部的一条是从广州南站（石壁街）一直到广州大学城（小谷围街）的商贸旅游文化发展带，南部的一条是从沙湾镇到大龙街的市桥中心城市功能强化带。六大功能组团分别是广州南站—番禺新城组团（涉及石壁街、钟村街、大石街和南村镇）、大学城组团（涉及小谷围街、新造镇）、市桥组团（涉及沙湾镇、桥南街、沙头街、市桥街和大龙街）、广州新城组团（涉及新造镇、化龙镇、南村镇、大龙街、石楼镇、石碁镇）、都市农业组团（主要涉及现在已划归南沙区的榄核镇、大岗镇）、重装基地组团（主要涉及现已划归南沙区的东涌镇、大岗镇等）。详细情况如图 1.13 和图 1.14 所示。

① 当时的规划，东涌镇、榄核镇和大岗镇还没有划归南沙区。所以，目前番禺区的总体结构应为两轴两带四组团。

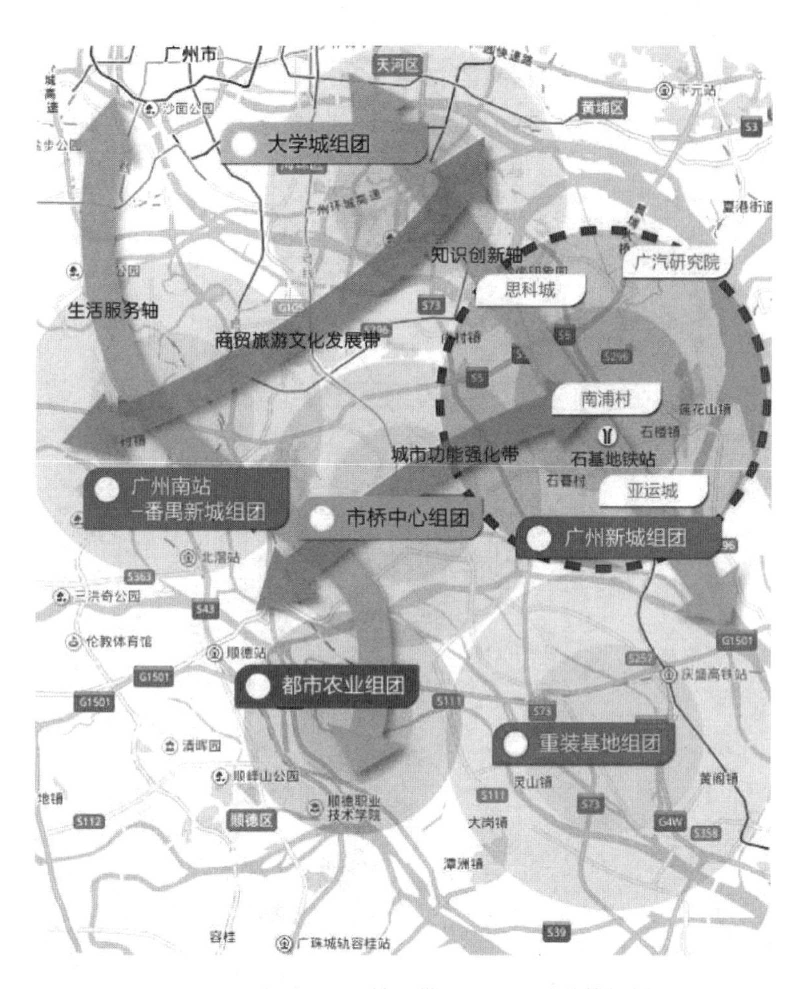

图 1.13　番禺区“两轴两带六组团”的总体规划

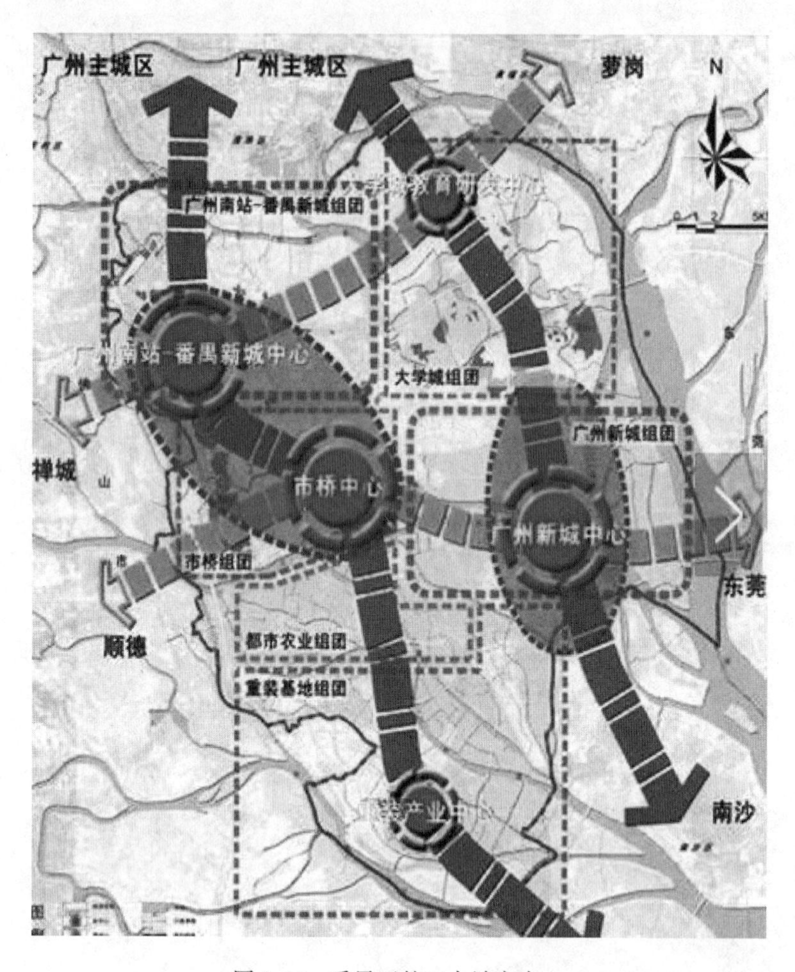

图 1.14　番禺区的三大城市中心

番禺区目前的中心是市桥，未来还有两个：广州南站—番禺新城和广州新城，一个老城区两个新城区，最新被纳入广州主城区的主要是广州南站—番禺新城中心。

（三）番禺区的新组团规划

番禺区的新组团规划（如图 1.15 所示）主要在西部（广州南站）、中北部（汉溪长隆万博）、北部（小谷围的大学城及新造镇、南村镇的广州国际创新城）、东部（化龙镇的汽车城、石楼镇的亚运城和莲花山）。未来番禺区的发展重点和亮点，不在番禺区的传统中心区域（市桥街、沙头街、东环街、桥南街、大龙街和沙湾镇），市区规划的重大项目将主要落在这些新规划组团，传统中心区域的产业和经济发展，则需要自谋出路，尤其是像沙湾镇、桥南街等这些镇街的产业发展。

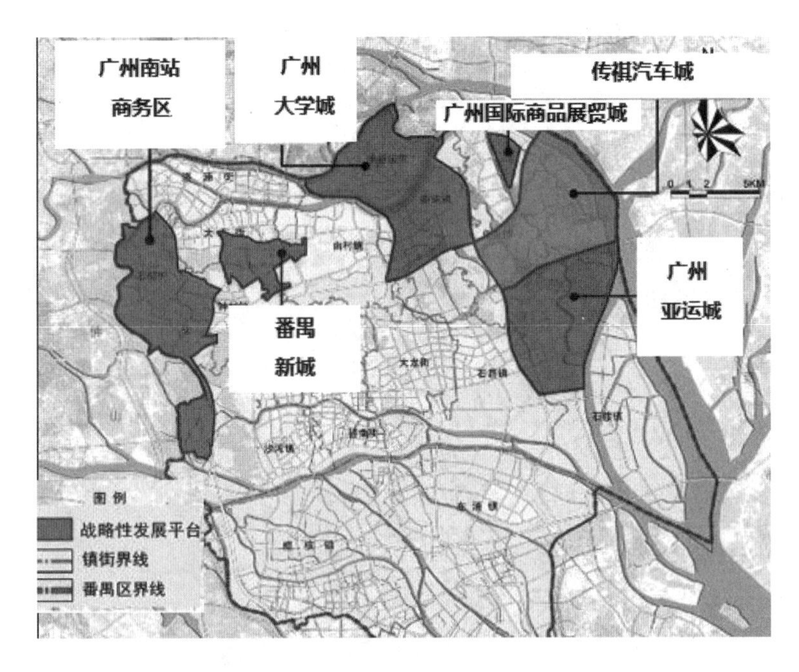

图 1.15　番禺区的主要规划组团

1. 广州南站商务区

2015 年石壁街的人口密度仅为 0.1868 万人/平方公里，是 10 街中人口密度最低的街道，开发程度最低，可塑空间最大。广州市及番禺区将广州南站区域规划为商务区（如图 1.16 所示），规划面积达 36.2 平方公里（石壁街行政区域面积仅为 27.2 平方公里），规划范围涉及石壁街、钟村街、沙湾镇、大石街、沙头街、洛浦街等，共 6 个镇街，番禺区西部区域基本上都规划在内，甚至影响到毗邻佛山市的两个区（南海区的桂城街道和顺德区的陈村镇）。

在 2016 年第 3 版规划中，广州南站商务区规划定位升级为“泛珠 CBD”，规划范围从南站核心区的 4.5 平方公里扩大到 36.2 平方公里，整体规划范围北至滨河路和东新高速交界处，南至沙湾象骏中学，西起陈村水道，东至新 105 国道。

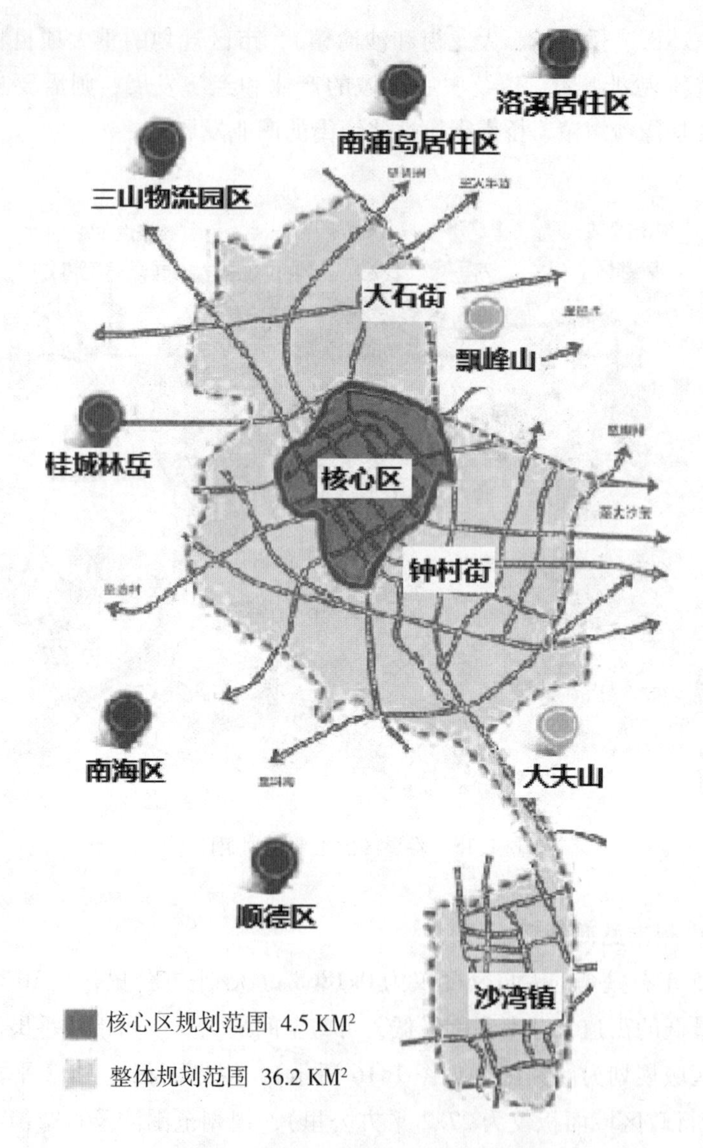

图 1.16　广州南站商务区规划范围

2. 番禺新城（汉溪长隆万博商务区，华南板块的核心商务区）

从商贸商务角度看，目前番禺区主要形成了市桥板块商圈、万博板块商圈、广州南站板块商圈和大学城板块商圈（如图 1.17 所示），亚运城板块商圈也在萌芽之中。商贸商务发展集中且相对成熟的首先是市桥商圈和万博商圈，其次是大学城商圈和广州南站商圈，再就是未来的广州新城

（亚运城）商圈。而番禺区从房地产发展角度来看，则有五大板块：属于番禺新城的洛溪板块（洛浦街、大石街），华南板块（大石街、钟村街、南村镇，即汉溪—长隆—万博商圈辐射范围），市桥板块，大学城板块，广州新城（亚运城）板块。

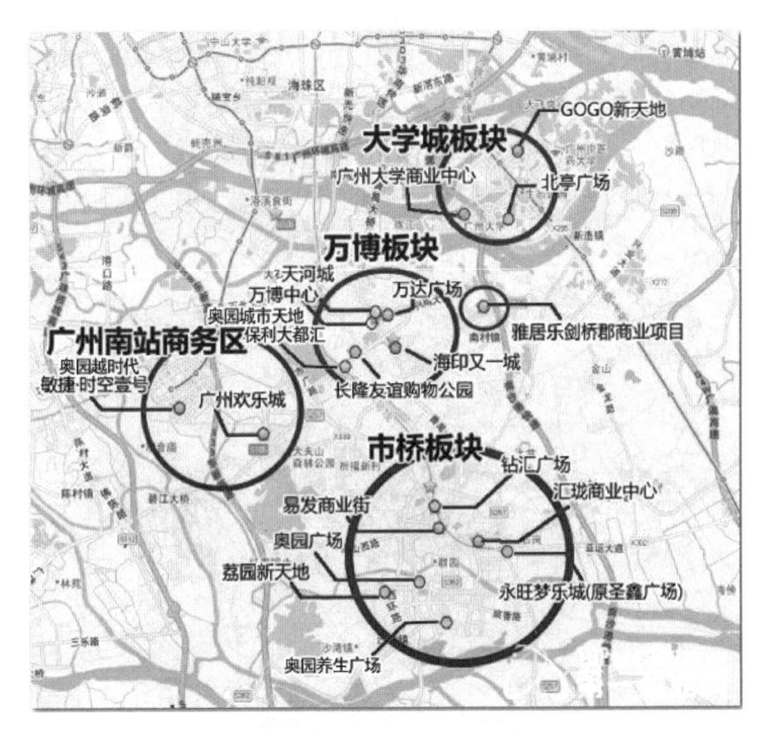

图 1.17 番禺区主要商圈①

番禺新城（万博商务区）是番禺重要的产业发展平台，目前已经集聚了欢聚时代（YY）、携程华南总部、津通集团等大批知名企业，万博基金小镇也已经成为广东省首个基金小镇，注册落户基金项目共 135 家，管理基金规模超 400 亿元，预期在将来会成为广州市重要的互联网企业集聚发展平台之一。在万博商务区，番禺万达广场、粤海天河城、奥园国际中心、德舜大厦、广晟万博城、敏捷广场、华新 · 智汇 + 、广汽四海城、佳创商业地下空间开发项目等九大核心项目已经启动招商，万博商务区的商

① 参见《一天之内带你看完番禺所有好房!》，载房天下网 2014 年 11 月 17 日，引自http://news.gz.fang.com/2014-11-18/14181708.htm

务业发展势必迎来热潮。

3. 广州国际创新城（一核两翼）

根据2013年4月25日《信息时报》的《暨大广医将进驻大学城延伸区》的新闻报道介绍，广州国际创新城位于广州市都会区中部、番禺区东北部，约距离珠江新城17公里、白云机场43公里、南沙中心30公里、广州南站10公里、中新知识城25公里。广州国际创新城的地理范围为：北至仑头水道，东、南至金山大道，西至南沙港快速，面积73平方公里。空间结构上是“一核两翼”，包括北翼的生物岛，核心的大学城和南翼的南岸起步区、南村地区、化龙地区、国际展贸城（如图1.18所示）。

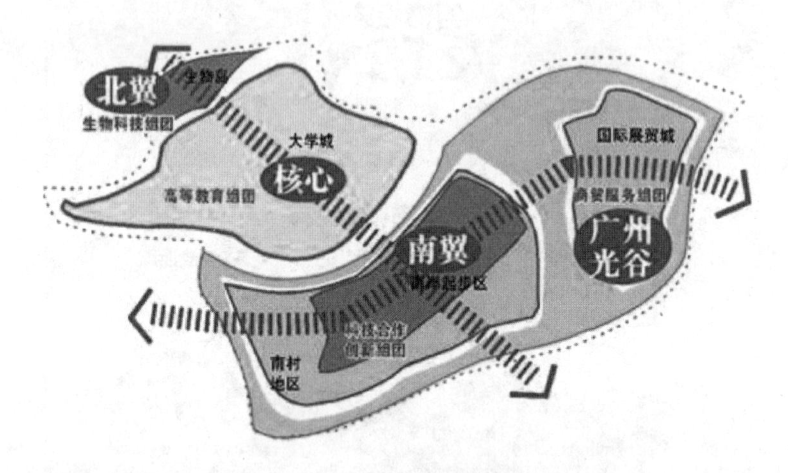

图1.18　广州国际创新城

根据2013年番禺区发布的《广州国际创新城南岸起步区控制性详细规划通告》，南岸起步区范围东至新化快速，北至沥滘水道，南至兴业大道，西至市新路，总用地面积为10.02平方公里，大概是小谷围岛大学城面积的一半，其功能定位是大学城延伸区、广州与高校协同创新示范基地和广州国际科技合作交流重要基地。2017年12月，广州市规委会又通过了广州国际创新城南岸起步区西南片、东北片科教项目的规划方案（如图1.19和图1.20所示），根据此方案，拟建华南理工大学国际校区（总用地面积1.147平方公里，与大学城华南理工大学校区隔岸相望），暨南大学校区二期（总用地面积1.1808平方公里），广州医科大学二期（总用地面积0.671平方公里）。

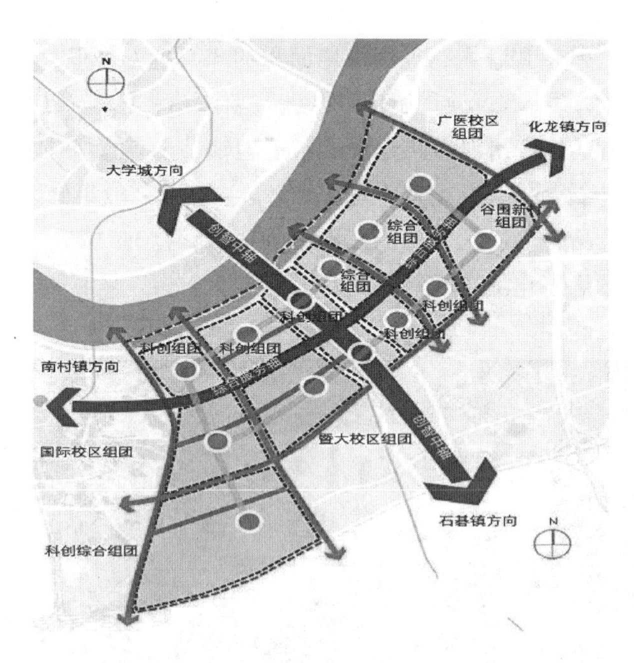

图 1.19　创新城南岸起步区空间结构

图 1.20　广州国际创新城南岸起步区

思科（广州）智慧城总规划用地面积约3.5平方公里（含约0.24平方公里的合作开发区），项目用地主要涉及新造镇，思科（广州）智慧城的核心处于目前的广州地铁四号线的新造地铁站上盖（如图1.21所示）。思科（广州）智慧城包括由智慧总部经济区、智慧产业集聚区、智慧城市体验区和智慧品牌塑造区等功能区构成的区域，构建“产、学、研、商、居”为一体的生态化的产城融合发展体系。

图1.21　思科（广州）智慧城沙盘

4. 番禺区汽车城（化龙镇、石楼镇）

番禺区汽车城毗邻广州大学城、思科（广州）智慧城，辐射范围内建设有清华科技园、番禺节能科技园和广州设计创意产业总部基地等一批研发基地。番禺汽车城总体规划面积约53.6平方公里，地处番禺区的东北部，地跨化龙镇和石楼镇，东至狮子洋，南至莲花大道，西至京珠高速和新化快速，北至珠江水道。一期、二期开发面积都在5平方公里左右。

2018年1月29日，番禺区为协调汽车基地和化龙镇、石楼镇的发展，成立了番禺汽车城管理委员会（这是继大学城和广州南站成立管理委员会后的第三个）。番禺汽车城第一期开发面积达5平方公里，已经有广州汽车集团乘用车有限公司、广汽菲亚特－克莱斯勒广州工厂、广州汽车集团汽车工程研究院、18个汽车零部件配套项目等入驻。番禺汽车城二期开发面积也将近5平方公里。其中，广汽智联新能源汽车产业园已经动工建设，该园区总体规划面积约7500亩，总投资额将超过450亿元，主要围绕“智能制造+创新研发+生态小镇”这3块，着重发展汽车制造、汽车研发、汽车商贸、汽车金融、汽车旅游、汽车文化等6个主要业态，按照“一轴两廊三区”的功能分区，建设智能、开放、创新、绿色、共享、生态的国际智联新能源汽车产业创新生态城（如图1.22所示）。2017年，番禺汽车城整车产量达64.3万辆，实现产值764亿元。预计到2020年，番禺汽车城的年整车总产能规模有望超过81万辆，实现工业产值有望超过1000亿元，将建成国际化、专业化与智能化的先进制造业园区，成为知名的华南汽车文化中心、宜业宜居的现代化新城。

图1.22　广汽智联新能源汽车产业园鸟瞰图

四、番禺区6镇10街的产业发展特点

从以上分析可以看出，番禺区的重大产业发展平台，也是广州市的重要产业发展平台，基本都被纳入了市区产业发展规划，由市和区为产业发展的主导力量，镇街主要是做好配合和协调，发展的自主性不强。这也是番禺区广明高速以北镇街被划入广州主城区的重要原因，广州南站商务

区、番禺新城（汉溪长隆万博商务区）、广州国际创新城［大学城、思科（广州）智慧城］和番禺汽车城（广汽基地）等 4 个重大产业发展平台，基本都处于番禺的北部，是广州南拓的产业发展重点。

所以，番禺镇街产业发展，需要分南北两个区域来看。番禺北部区域，镇街产业发展属于市区重点项目带动，缺少自主发展的可能，围绕市区统一规划和最终落地在本镇街的重大产业发展平台，改造、提升镇街传统产业，因应发展机遇，协调、配合好市区产业规划和发展，是番禺区北部镇街产业发展的必由之路和不二选择。番禺南部区域，由西向东，主要涉及钟村街、沙头街、沙湾镇、东环街、市桥街、桥南街、大龙街、石碁镇等，是广州最新规划中的番禺南部新城，市区对于这片区域较少具体规划，也很少考虑布局具体的重大产业项目，必然以镇街自主性发展为主。因此，番禺区镇街产业发展研究，应以番禺区南部为主加以考虑，当然具体研究时，必须考虑到广州市和番禺区关于番禺区北部的规划对于番禺区南部镇街产业发展的深远影响，以及广州市和番禺区对于番禺区南部镇街所在片区的总体定位和部署。

笔者曾在《番禺区产业升级路径研究》（中山大学出版社 2017 年版）一书中，对于番禺区各镇街的产业发展及结构特点已经有所研究，概述如下。

番禺区 16 个镇街之中，石楼镇的优势在于第一产业（农业），市桥街的优势主要在于第三产业（服务业），兼有发展工业和农业优势的主要是化龙镇和石碁镇，兼有发展工业和服务业优势的主要是大石街、大龙街和南村镇。

番禺区各镇街的产业结构主要有四个典型：农业重镇石楼镇，工业重镇化龙镇，服务业重镇市桥街，工业、服务业并重的大石街等。

农业重镇石楼镇，其产业结构的发展路向有三个：一是第三产业加速发展，走服务化产业升级路径；二是第二产业加速发展，走工业强镇发展道路；三是第三条产业升级路径，二、三产并重，共同推进石楼镇经济和产业发展。

对于工业重镇化龙镇，第二产业推进快、占比高，2016 年第二产业增加值占比高达 72%，通过发展工业（主要是汽车制造）来强镇的路径十分明显，但也反映其第三产业发展的严重滞后，围绕汽车制造的集群化发展优势，联动发展第三产业，对于化龙镇至关重要。

而对于服务业重镇市桥街，第二产业占比已经是个位数，显得微乎其微，第三产业是占绝对优势的主要产业，产业升级将重点在于第三产业的进一步提量提质，产业发展的高端化是其今后产业升级的主要路向。

对于工业、服务业并重的大石街而言，农业势必衰落，但第二产业、第三产业的发展将更为均衡，第三产业的占比会越来越大，继续下去，大石街的产业结构将更类似市桥街；而对于工业重镇化龙，其产业结构将更加趋向现在的大石街，在继续维持和推进工业发展的同时，加快补上第三产业的短板。

就番禺区的实际看，第三产业为主、二三产并重的镇街是主流，占了大多数，产业结构中，三产占九成多，只有市桥街属于凤毛麟角。2016年，第三产业增加值占全区比重，排在前面的镇街分别是市桥街、大石街、南村镇、大龙街、洛浦街、钟村街、小谷围街和东环街。

第二节 镇街发展理论研究述评

人类文明的进程是伴随着城市化的推进向前发展，城市化的推进也是在不同背景和时空条件下开展。戴继锋对于城市化的推进绘制了一幅图（如图1.23所示），十分有助于我们从历史角度看待城市化发展问题[①]。按照戴先生的观点，在新型城镇化快速发展、高铁建设加快的背景下，城市群空间组织的模式已经从传统的“中心—腹地”模式转向“枢纽—网络”的模式。

不过，一般而言，城市化是世界性的发展主题，城市化意味着乡村社会转型为城市、农业为主的经济转向以工业和服务业为主的经济、农民为主的区域转型成为城市居民为主的区域。而具体到我国，城市化则难以概括中国现代化进程，“城镇化”一词要比“城市化”一词更符合中国的发展实际。2001年发布的《中华人民共和国国民经济和社会发展第十个五年计划纲要》首次提出“要不失时机地实施城镇化战略”。这是中华人民共和国首次在最高官方文件中使用“城镇化”一词，“城镇化”这一术语

---

① 参见戴继锋《新型城镇化背景下城市与交通发展的思考》，2017年12月24日，引自http：//www.sohu.com/a/212464779_365037。

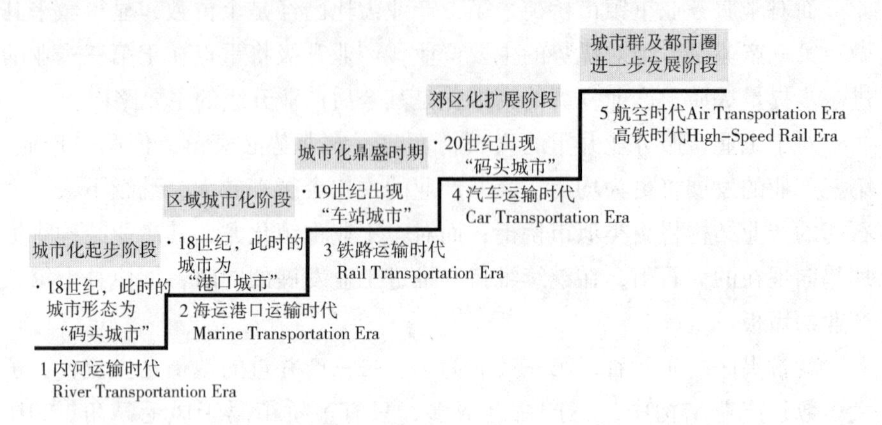

图 1.23　不同时期的城市化

开始被广泛使用①。

中国形成的是村庄—乡镇—县城—省城—首都的社会组织体系和城乡网络。首都，全国只有一个（即北京市），省城，一个省也只有一个（如广东省的广州市，全国像这样的也只有 30 多个），县城则较多（全国有超过 2500 个县、市、区），乡镇就更多了（乡镇级的行政区域，全国有超过 4 万个），而村庄就多如牛毛了（全国行政村有超过 70 万个）。

一、小城镇问题

费孝通在《小城镇 大问题》一文中提到，1980 年胡耀邦在一次会议中就已提出："如果我们的国家只有大城市、中城市没有小城镇，农村里的政治中心、经济中心、文化中心就没有腿。"费孝通更进一步提出："有一种比农村社区高一层次的社会实体的存在，这种社会实体是以一批并不从事农业生产劳动的人口为主体组成的社区。无论从地域、人口、经济、环境等因素看，它们都既具有与农村社区相异的特点，又都与周围的农村保持着不能缺少的联系。我们把这样的社会实体用一个普通的名字加以概

① 参见周丽雯、崔文辉《城镇化：内涵与特征》，载《经济研究导刊》2015 年第 3 期。

括，称之为‘小城镇’。”[①] 正如文军所言，小城镇是“城市之尾、农村之首”[②]，是城市和农村的腹地，小城镇既有助于发展农村，同时也可以缓解城市的压力，广大的农村与大城市之间形成一个缓冲空间[③]。费孝通在《小城镇 大问题》发表20周年举行的座谈会上进一步提出，中国发展的方向在农村，农民问题、农村问题、农业问题的出路归根到底还是要靠加快小城镇建设。实践证明，小城镇除了是农村的政治、经济和文化中心外，在农业人口转移中还具有重要作用。

小城镇到底如何界定？根据百度百科，有四种观点：一是小城镇指的就是建制镇；二是指建制镇+集镇（这比较符合费孝通先生的原意）；三是指小城市+建制镇；四是指小城市+建制镇+集镇。根据1955年国务院颁布的《中华人民共和国关于设置市镇建制的决定和标准》，建制镇被规定为经省自治区直辖市批准的镇，其常住人口在2000人以上，其中非农业人口占50%。而根据1993年发布的《村庄和集镇规划建设管理条例》，集镇是指乡、民族乡人民政府所在地和经县级人民政府确认由集市发展而成的作为农村一定区域经济、文化和生活服务中心的非建制镇。而根据国务院于2014年10月29日发布的《国务院关于调整城市规模划分标准的通知》，以城区[④]常住人口为统计口径，将城市划分为五类七档。城区常住人口50万以下的城市为小城市，其中20万以上50万以下的城市为Ⅰ型小城市，20万以下的城市为Ⅱ型小城市。所以，小城镇按照建制镇、城区街道办和乡村的集镇进行理解更为适当，而其内部发展逻辑一般是乡村集镇发展为建制镇，建制镇发展为城区街道办，大中小城市则由辖区内的街道办、建制镇、乡村集镇和行政村所构成。小城镇指的就是大中城市与广大乡村（多如牛毛的行政村）的一个联系、桥梁和过渡，不是小城市，也不是大中城市，是“城市之尾、农村之首”，是城乡连接的一个节点，是统筹城乡发展的突破口和重要纽带，既可以让农民就地就近低

---

① 费孝通：《小城镇四记》，新华出版社1985年版。

② 付礼建、罗宏翔（2002）可能是最早提出和阐释小城镇为“农村之首、城市之尾”的学者，参见付礼建、罗宏翔《论我国小城镇发展的特点和趋势》，载《中国农村经济》2002年第11期。

③ 参见文军《重新认识费孝通的小城镇理论》，2010年10月16日，引自http://www.guancha.cn/50758/2010_11_16_51082.shtml。

④ 城区是指在市辖区和不设区的市，区、市政府驻地的实际建设连接到的居民委员会所辖区域和其他区域。

成本进入城镇，也可以缓解城市的人口压力和资源紧缺问题。

到1998年，十五届三中全会正式提出：“发展小城镇，是带动农村经济和社会发展的大战略。”2000年，中共中央和国务院《关于促进小城镇健康发展的若干意见》指出：“大中小城市和小城镇协调发展的道路，将成为中国推进现代化进程的一个新的动力源。”而在2002年的十六大报告又重申了“坚持大中小城市和小城镇协调发展，走中国特色的城镇化道路”①。发展小城镇，由此成为中国特色的城市化道路。在中国特色的偏重小城镇发展的城市化模式下，小城镇遍地开花，1984—1996年，中国建制镇的数量就从2664个猛增至18200个，实现了让人口从农村走出来，从第一产业转向第二、三产业的城镇化基本目标②。而根据《国家新型城镇化规划（2014—2020年）》，1978—2013年，城镇常住人口从1.7亿人增加到7.3亿人，城镇化率从17.9%提升到53.7%，年均提高1.02个百分点；城市数量从193个增加到658个，建制镇数量从2173个增加到20113个。显然，改革开放以来，中国小城镇，无论规模、数量和集聚的人口都出现了惊人的增长。

至于小城镇如何发展产业，费孝通在其著作中一直强调要发展副业，尤其是工业，不能只在城市发展工业，小城镇及其服务的乡村不能只是原料和劳工的来源地，发展农村副业和乡村工业，对于农民脱贫和农村现代化至关重要。“无农不稳、无工不富、无商不活、无才不兴”是费孝通先生一贯的观点，也是小城镇及广大农村向现代化发展的必由之路。小城镇建设中，“二产是决定性因素，没有二产，从事农业的人口不减少，一产就不可能实现机械化；有了二产，三产也就自然发展起来了”③。

重视发展小城镇，主要是解决中国广大农村和数亿农民的发展问题，使农民脱贫，让农村变富，也让农民摆脱农业的束缚，农民可以自己出来干工商业，也可以出去当工人，搞活农村经济，给农民生计和活路。所以，发展小城镇是为了突破城乡隔绝的现实，走城乡并重的发展道路。但

---

① 傅蔚冈：《户籍改革政策带来的更大社会隐患》，2014年8月1日，引自 http://opinion.hexun.com/2014-08-01/167177618.html。

② 参见丁守海《概念辨析：城市化、城镇化与新型城镇化》，载《中国社会科学报》2014年第602期。

③ 李晔、胡志刚：《“小城镇，大问题”的吴江样本》，2014年11月02日，引自 http://news.163.com/14/1102/03/AA10AHKD00014AED.html。

也有以城市为中心的考虑，就是说让农村发展起来，不能冲击到城市，尤其是大城市，农民不能都涌到城里，希望农民“离土不离乡，进厂不进城”。小城镇发展没有解决城市化应该解决的问题：农民变市民、村庄变社区、工业区变城区，结果乡村工业遍地开花，农民四处打工，乡村工业区没有变成城区，农民工也没有变成城市居民。

目前，各地正加快推进“三旧改造”和户籍改革，其核心思想正是要解决城镇化的遗留问题，将城镇化推进成为城市化、都市化。所以，小城镇问题，既要历史地看，也要朝前看。从历史看，小城镇发展战略推进了我国无数乡村的发展；朝前看，小城镇也限制了乡村城市化、乡镇都市化的发展步伐。在广州，或者说在珠江三角洲所在的粤港澳大湾区，大力发展和推进小城镇建设已经意义不大，重点是加快其城市化、都市化的进程，让昔日的小城镇及其辐射、带动的广大乡村有机融入大城市、大都市中，成为现代化大都市的有机组成部分。

二、城镇化问题

“城镇化”一词的出现，是外来语“城市化”（urbanization）中国化的结果，是基于跟费孝通先生一样对于中国国情特殊性的认识，即广大乡村和农业社会要转型为城市和文明社会，也就是农村要实现工业化、现代化，必须有一个实现途径，这个途径显然不是让农民进城，而是要发展小城镇，再经由小城镇发展为大中小城市。

国内学术界一般认为最早使用和推广应用“城镇化”一词的是辜胜阻，标志是其1991年出版的《非农化与城镇化研究》一书。“二元城镇化发展理论”是辜胜阻教授在20世纪90年代初期提出、后来又不断完善发展的一种城镇化理论。这一理论根据中国二元社会结构及农村剩余劳动力转移的实际，主张以“城镇化”（而非城市化）理论指导中国经济发展实践。该理论认为，绝对的“大城市论”“中等城市论”“小城市论”者所主张的发展某一类城市的观点都不符合中国的实际。中国城镇化发展过程中要实现城市化与农村城镇化并重、发展大都市圈为特征的“网络发展式”城镇化与以县城为依托发展中小城市的“据点发展式”城镇化同步，处理好城镇化中的市民与农民工双重城镇化主体的关系，避免小城镇过度发展和大城市盲目膨胀的双重“城市病”，对不同城市的乡城流动人口和户籍改革分类指导，推进农村剩余劳动力的有序合理流动[1]。

辜胜阻[2]明确区分了两类不同区域城镇化的差异，一是大都市圈区域的农村城镇化，二是非都市圈区域的农村城镇化。大都市圈区域的农村城镇化，比较符合戴继锋所认为的“枢纽—网络”型的城市群空间结构模式，所以是一种辜胜阻所言的“网络发展式”城镇化。现实中，可资借鉴的一是德国的“去中心化”城镇化模式，二是日本的都市圈型城镇化模式。德国形成的“去中心化”城镇发展模式，其特点主要是：单体城市规模小，但数量多，星罗棋布地分散在全国，形成均衡发展的11个大都市圈，而11个都市圈则集中了全国一半的人口。不过，在德国36个主要城市中，人口超过百万的仅4个（柏林、汉堡、慕尼黑、科隆），人口最少的城市柏林也仅340万人。所以，德国绝大多数是环境比较幽静的中小型城市，商店、工厂、住宅区分布合理，行政机构、医院、大学和文化设施等公共资源也均衡分布在大大小小的各个城市，没有集中在少数几个大城市。在德国，城镇与乡村的配套公共资源并没有质的差异[3]。日本的都市圈型城镇化模式，其特点是：日本坚持以三大都市圈为核心，形成以中心城市为依托、中小城市为网络，小城镇星罗棋布、大中城市发展与小城镇建设相衔接的城市化体系。三大都市圈包括东京都圈、名古屋圈、大阪圈。每个都市圈都集中了3000万左右的人口，相应地有一套较为完整的产业体系，都市圈内部的人口需求基本上可以被其内部制造业产出所满足[4]。因此，均衡布局和配置公共设施及公共资源，是推进“网络发展式”城镇化的关键。在珠江三角洲都市圈或粤港澳大湾区都市群，“网络发展式”城镇化是该区域农村城镇化的必然选择，一方面，中心城市的公共优势资源必须在区域内实现均衡布局，另一方面，农村区域（主要是镇街所辖行政区域）也必须主动、自觉地融入都市圈的核心区域，成为其网状都市圈层的一个节点。

对于中国城镇化发展模式，费孝通先生早就概括了三种典型的模式：

---

① 中国经济理论创新奖（2010）候选理论简介十四，《候选理论：二元城镇化发展理论》，引自 http：//finance. sina. com. cn/hy/20100826/10348551776. shtml。

② 参见辜胜阻《城镇化转型的轨迹与路径》，人民出版社2016年版。

③ 参见蒋尉《德国“去中心化”城镇化模式及借鉴》，2015年11月23日，引自 http://www. chinareform. org. cn/area/city/Experience/201511/t20151124_238945. htm。

④ 参见张智乾《国外城镇化模式对比及对我国的启示》，2014年5月13日，引自 http://www. chinareform. org. cn/area/city/Experience/201405/t20140513_197077. htm。

苏南模式、温州模式和珠江三角洲模式，但这更偏向于分析的是改革开放初期国内农村经济发展或镇村工业发展的三种模式：苏南是乡镇集体企业为主的发展模式，温州是个体私营企业为主的发展模式，珠江三角洲是“三来一补”企业为主的发展模式。高中地理课本中关于工业的区位选择部分，对此也有总结。中国特色城镇化发展模式的多样性，与中国不同地域所处的区域环境和地理区位密切相关（如图 1.24 所示）。珠江三角洲因为临近港澳，又是著名侨乡，海外联系密切、广泛，再加上率先对外开放，港澳台资本及外资涌入的结果，短期之内就迅速改变了珠江三角洲的传统经济，尤其是工业经济薄弱的农村乡镇，使得这些农村乡镇加速融入世界经济之中，城镇化得以快速推进，以大中城市为中心的缓慢城市化被以乡镇为中心的快速城镇化所扬弃，众多经济强镇也因此在珠江三角洲迅速崛起。

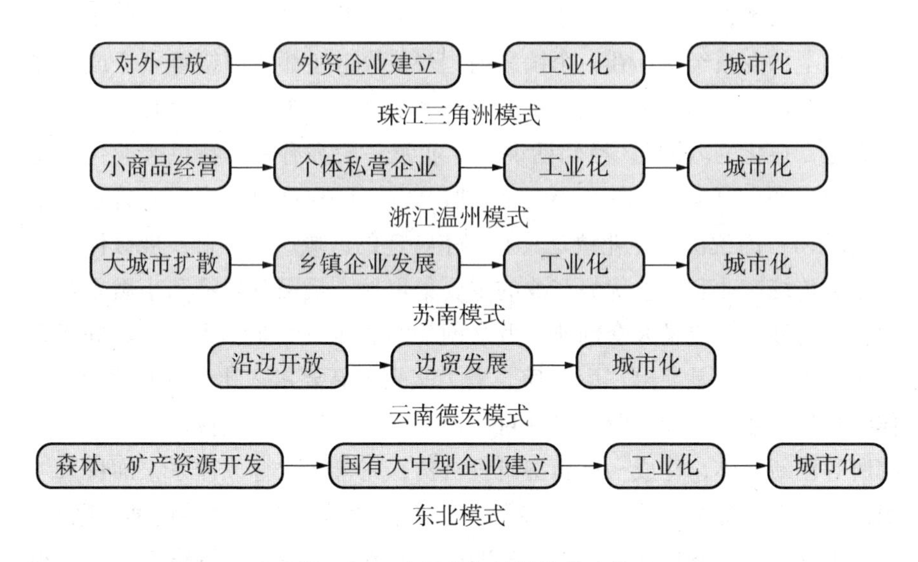

图 1.24　中国特色城镇化模式①

时任建设部副部长的仇保兴（2004）则总结出了国内城镇化的十种模式：城郊的卫星城镇（利用邻近大中城市的优势），工业主导型（村镇企业集群，一镇一品），商贸带动型（利用传统、新兴的商品集散地的优

① 引自《区域工业化与城市化》，2013 年 5 月 6 日，引自 http://www.51cok.com/gaoer/xuexi/dili/8420.html。

势），交通枢纽型（利用交通便捷、运输量大、信息快、流动人口多的特点，积极发展第二、三产业，实行交通促流通，以路兴镇），工矿依托型（为大中型企业协作配套生产），旅游服务型（利用旅游资源的开发搞好旅游服务），区域中心型（特别是县城要依托有利的政治区位、资源区位、交通区位、技术区位、产业基础区位优势，形成县、市的中心镇），边界发展型（利用省界、国界发展边际贸易，强化交通服务基础设施，聚集各方面的生产要素，构筑边缘区的城镇化基点），移民建镇型，历史文化名镇（要注意地脉和文脉的延伸，注重这两脉的保护）[①]。

城镇化究竟如何发展和推进，无疑需要因地制宜，并没有统一模板和现成的榜样可资借鉴，只要适合本地，都可以内化为本地城镇化的措施和政策。广东在城镇化探索过程中比较重视专业镇问题，而浙江则提出大力发展特色小镇。

王珺认为，专业镇经济是指建立在一种或两三种产品的专业化生产联系基础上的乡镇经济。在一个镇区内，大多数企业都是围绕着一个或少数几个相关产品而形成生产的专业化分工网络[②]。王缉慈说得更直白，专业镇就是专业化的城镇[③]。换句话说，专业镇一般都有一个特色产业作为主要产业，如小家电、家具、小五金、服装等。而根据时任广东省省长朱小丹（2016）的说法，专业镇是具有广东特色的区域产业集群发展载体，是广东省传统产业和特色优势产业的主要集聚地，是民营经济和小微企业孵化育成的载体，也是大众创业、万众创新的载体。专业镇重点要抓好四个方面的工作：一是突出“引”字，着力集聚创新要素，壮大专业镇创新主体。立足专业镇主导产业，有针对性地引入省内外龙头企业、高校、科研院所等创新主体，建成一批新型研发机构，完善孵化育成体系，加快人才引进与柔性流动。二是突出“专”字，聚焦优势产业，提供精准、贴身、高效创新服务。坚持问题导向，找准产业共性技术需求，围绕企业需求组织合作项目，制定产业技术标准和产业技术路线图，深入实施“一镇一策”，不断提高科技进步对专业镇经济增长的贡献度。三是突出“活”字，强化体制机制创新，提升协同创新效能。统筹发挥政、产、学、研各

---

① 参见仇保兴《小城镇十种发展模式》，载《建设科技》2004 年第 19 期。

② 参见王珺《广东专业镇经济的类型与演进》，载《广东商学院学报》2001 年第 4 期。

③ 参见王缉慈《略论广东省的专业镇问题》，载《广东专业镇》2012 年第 1 期，引自 http://www.potic.org.cn/client/inpub/inpub_view.jsp?rowId=1。

方面的作用，创新完善协同创新平台，形成各类创新主体协同协力的机制，健全各方利益分配机制，完善科研成果转化激励机制。四是突出“优”字，延伸服务体系，优化全产业链集成服务。以公共服务为本位，围绕主导产业建立完善全产业链服务体系，组建产业技术创新联盟，强化金融服务，以“互联网＋”推进平台服务模式创新①。李鹏飞则认为，2000 年之前，专业镇成长的环境比较宽松，只需通过镇域层面的政策引导和扶持，地方企业就可以实现自身成长。2000 年之后，随着全球经济波动增大，内部市场需求渐趋疲弱，土地资源紧张和环境问题日趋严峻，原先粗放型专业镇发展模式及政策体系很难适应新形势、新情况和新要求。专业镇在发展较为成熟后，广东专业镇的政策由原来的产业导向转变为了创新导向。2000 年到 2006 年，专业镇政策主要面向单个产业，依靠技术创新试点、专业镇认定和示范，通过资金定向投入，建立各个专业镇产学研合作体系。2006 年后，专业镇政策发生了两个重大转变。一是政策着眼点由原来的单个镇转变为促进专业镇之间的合作联盟；二是资金导向由原来的定向、定镇资助，转化为开放、择优资助②。而根据路平的研究，就广东来说，在专业镇之间，从一镇一品，逐渐发展到各专业镇之间以一个龙头产业、产品形成相互关联的产品链，又从制造业延伸到服务业，并突破建制镇的行政区划③。根据广东省专业镇发展促进会资料，广东省现有专业镇 399 个，云浮市 25 个，揭阳市 21 个，潮州市 19 个，中山市 18 个，东莞市 34 个，清远市 9 个，阳江市 15 个，河源市 18 个，汕尾市 8 个，梅州市 41 个，惠州市 17 个，肇庆市 21 个，茂名市 16 个，湛江市 18 个，江门市 23 个，汕头市 29 个，广州市和珠海市各 6 个，韶关市 14 个，佛山市 41 个，只有深圳市没有一个专业镇。在广州市的 6 个专业镇中，番禺区有 1 个，就是沙湾镇，是珠宝首饰专业镇。广东省珠宝首饰专业镇除了番禺区沙湾镇，还有 1 个，就是与沙湾镇一江之隔的佛山市顺德区的伦教街道。

广东省（准确地说是广东省科技厅）专注于发展专业镇和专业镇经

---

① 参见《东莞：推进专业镇新一轮创新发展 广东专业镇将突破 500》，2016 年 6 月 16 日，引自人民网 http://gd.people.com.cn/n2/2016/0616/c123932－28518266.html。

② 参见李鹏飞《广东专业镇发展政策的历史经验与现实挑战》，载《广东科技》2013 年第 5 期。

③ 参见路平《广东专业镇经济发展的新趋势和新特点》，载《广东科技》2006 年第 9 期。

济，在政策层面，从2000年起坚持至今，已经历时18年。专业镇的发展和研究，当然不会局限于广东，山东、浙江等地对此也有所分析和思考。如王海燕、张永森基于山东的实践，认为“专业镇”是指在农业结构调整中，基本以乡镇的范围来重点发展名、优、特、新产业和产品，通过开发一两个产业或产品，带动多数农户从事这些产业或产品的生产经营活动，其收入成为农民和乡镇收入主要来源的农业和农村经济发展模式[①]。余国扬和罗友花、李明生更认为，专业镇从专业户起步，辐射形成专业村，发展成专业镇[②]。浙江省提出的“小狗经济”或“块状经济”与专业镇的内涵近似。

源于浙江的特色小镇[③]，因引起国家领导人重视和中央部委的推广，成为全国性的城镇化推进模式。2016年10月11日，住建部印发《住房城乡建设部关于公布第一批中国特色小镇名单的通知》，公布了第一批127个国家级特色小镇名单，其中浙江8个，江苏和山东各7个，广东6个。2017年8月22日，住建部印发《住房城乡建设部关于公布第二批全国特色小镇名单的通知》，公布了第二批276个国家级特色小镇名单，其中浙江、江苏和山东都是15个，广东14个。住建部、财政部、发改委更是提出，到2020年要培育1000个左右的特色小镇。中城地产联盟的一篇文献，概括了10种特色小镇类型[④]：①历史文化型。打造历史文化型小镇，一是要小镇历史脉络清晰可循；二是小镇文化内涵重点突出、特色鲜明；三是要小镇的规划建设延续历史文脉，尊重历史与传统。②城郊休闲型。打造城郊休闲型小镇，一是要小镇与城市距离较近，位于都市旅游圈之内，距城市车程最好在2小时以内；二是小镇要根据城市人群的需求进行针对性的开发，以休闲度假为主；三是小镇的基础设施建设与城市差距较

---

① 参见王海燕、张永森《建设特色专业乡镇 促进农村经济发展——山东省的实践与启示》，载《中国农村经济》2002年第6期。

② 参见罗友花、李明生《我国专业镇研究述评》，载《湖湘论坛》2008年第3期。

③ 特色小镇既可以是浙江特色的“非镇非区”，不是行政区划单元上的一个镇，也不是产业园区的一个区，而是将特定产业基础、独特资源禀赋、鲜明旅游特色、特有社区功能融合为一体的发展空间平台，规划面积一般控制在3平方公里左右，建设面积一般控制在1平方公里左右；也可以是行政区划概念上的一个镇，把整个乡镇都纳入特色小镇发展战略，在更大的空间载体上布局功能和产业。

④ 可以与仇保兴的《小城镇十种发展模式》的文献对照着看。参见中城地产联盟《十大特色小镇类型，你了解多少?》，2017年2月27日，引自http://www.sohu.com/a/127393426_481540。

小。③新兴产业型。打造新兴产业型小镇，一是小镇位于经济发展程度较高的区域；二是小镇以科技智能等新兴产业为主，科技和互联网产业尤其突出；三是小镇有一定的新兴产业基础的积累，产业园区集聚效应突出。④特色产业型。打造特色产业型小镇，一是要小镇产业特点以新奇特色等产业为主；二是小镇规模不宜过大，应是小而美、小而精、小而特。⑤交通区位型。打造交通区位型小镇，一是要小镇交通区位条件良好，属于重要的交通枢纽或者中转地区，交通便利；二是小镇产业建设应该能够联动周边城市资源，成为该区域的网络节点，实现资源合理有效的利用。⑥资源禀赋型。打造资源禀赋型小镇，一是要小镇资源优势突出，处于领先地位；二是小镇市场前景广阔，发展潜力巨大；三是对小镇的优势资源深入挖掘，充分体现小镇资源特色。⑦生态旅游型。打造生态旅游型小镇，一是要小镇生态环境良好，宜居宜游；二是产业特点以绿色低碳为主，可持续性较强；三是小镇以生态观光、康体休闲为主。⑧高端制造型。打造高端制造型小镇，一是要小镇产业以高精尖为主，并始终遵循产城融合理念；二是注重高级人才资源的引进，为小镇持续发展增加动力；三是突出小镇的智能化建设。⑨金融创新型。打造金融创新型小镇，一是要小镇经济发展迅速的核心区域，具备得天独厚的区位优势、人才优势、资源优势、创新优势、政策优势；二是小镇有一定的财富积累，市场广阔，投融资空间巨大；三是科技金融是此类小镇发展的强大动力和重要支撑。⑩时尚创意型。打造时尚创意型小镇，一是小镇以时尚产业为主导，并与国际接轨，引领国际时尚潮流；二是小镇应该以文化为深度，以时尚为广度，实现产业的融合发展；三是小镇应该打造一个时尚产业的平台，促进国内与国际的互动交流。

广州市番禺区沙湾镇是广州市唯一入选国家级特色小镇的镇街，与省级专业镇一样，也是以珠宝首饰产业为特色，其名称为“广州沙湾瑰宝小镇”。

三、新型城镇化问题

城镇化在中国的快速推进，农村经济和农民生活的确实现了翻天覆地的变化，数亿农民得以走出乡村，进入城镇和城市，成为中国新产业工人，这也是中国成为“世界工厂”的主要依靠力量。但也出现了世界第一的钟摆式人口，这些来自广大乡村的新产业工人，虽进入城镇和城市工作、生活，但并未融入当地或异地的城镇与城市，仍是外地人、农村人，是暂住民，是暂时栖居的没有户籍的常住人口（不是户籍人口），是新移民却没有户籍，因而在享受城镇或城市公共资源、设施和政策时被区别对待，无法得到与户籍居民相同的待遇。以广州、深圳和东莞为例，2016年，三地的户籍人口分别为870.49万人、400.47万人和200.94万人，而三地的常住人口却分别是1404.35万人、1190.84万人、826.14万人，三地常住人口中分别有533.86万人、790.37万人、625.2万人是没有户籍的新移民[①]。在常住人口之外，实际上还有大量没有在政府登记的流动人口，一般估计，这部分流动人口为常住人口的20%～30%。对于进城人口的户籍限制，意味着城镇化过程中走出乡村的农村人随时都会被重新赶回农村，而依据常住人口计算的城镇化率，无疑只是虚幻和不可靠的一个数字。

早期城镇化侧重于产业和经济发展，通过镇域经济的成功，实现城镇化的一些基本目标，如农村振兴、农民就业、农民致富、农业转型等，概括而言，这是一种产业经济的城镇化，不是人的城镇化，农民还是农民，只不过从农业农民变成了工业农民、三产农民罢了。按照新华社记者杜宇、江国成（2013）的说法，我国城镇化率达到52.6%，与世界平均水平大体相当，然而质量不高，真正“人的城镇化”只有34%左右[②]。对于常住人口和户籍人口分别计算的城镇化率差异，王子约、周芳和林小昭（2015）根据《国家新型城镇化规划（2014—2020年）》绘制了图1.25[③]。

根据中央政府门户网提供的资料，在现有城镇常住人口中，有2.39亿农民工及其家属。从城乡看，按户籍算2/3左右的人口在农村；从区域看，接近2/3的人口居住在中西部地区；从城市内部来看，大量农民工长期融入不了城镇，不少群众居住在棚户区，加起来占一半左右的城镇常住人口。今后一个时期，应着重解决现有“三个1亿人”的问题，也就是促

---

① 详细数据参见广东省统计局、国家统计局广东调查总队《广东省统计年鉴2017》，中国统计出版社2017年版。

② 参见杜宇、江国成《城镇化改革“人”是关键——十八大以来城镇化和统筹城乡改革述评》，2013年11月07日，引自http://www.gov.cn/jrzg/2013-11/07/content_2523512.htm。

③ 参见王子约、周芳、林小昭：《新型城镇化排定62市镇入选》，2015年2月5日，引自http://www.liutong.org.cn/guoneidongtai/2015-02-05/1411.html。

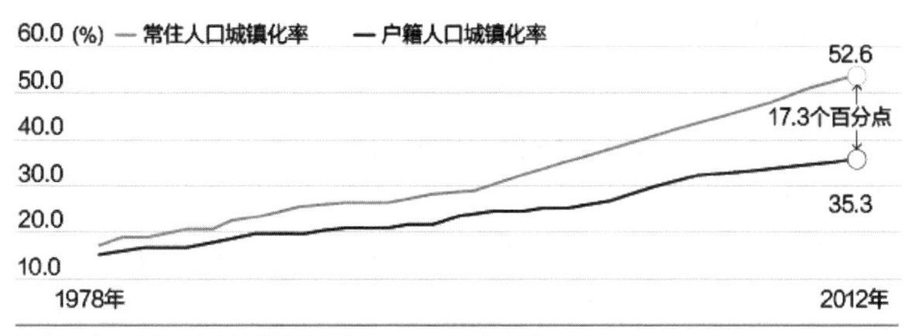

资料来源：《国家新型城镇化规划（2014—2020年）》。

图 1.25　常住人口城镇化率与户籍人口城镇化率

进约 1 亿农业转移人口落户城镇，改造约 1 亿人口居住的城镇棚户区和城中村，引导约 1 亿人口在中西部地区就近城镇化①。

从着眼于经济城镇化到以人为核心的城镇化，是十八大以来国家对传统城镇化反思的结果，也是国家对城镇化战略思路的根本调整，因此，为区别于十八大之前，这一轮城镇化被命名为“新型城镇化”。2013 年 11 月，十八届三中全会发布的《中共中央关于全面深化改革若干重大问题的决定》中提出，要坚持走中国特色新型城镇化道路，推进以人为核心的城镇化，推动大中小城市和小城镇协调发展，产业和城镇融合发展，促进城镇化和新农村建设协调推进。推进农业转移人口市民化，逐步把符合条件的农业转移人口转为城镇居民②。“新型城镇化”由此在最权威的官方文件中被正式提了出来。2013 年 12 月 12 日至 13 日，在北京举行的中央城镇化工作会议，标志着中国新型城镇化的正式到来。会议要求，要以人为本，推进以人为核心的城镇化，提高城镇人口素质和居民生活质量，把促进有能力在城镇稳定就业和生活的常住人口有序实现市民化作为首要任务③。2014 年 3 月 16 日，新华社发布中共中央、国务院印发的《国家新型城镇化规划（2014—2020 年）》，标志着中国新型城镇化正式启动。在这份规划里，中国传统城镇化的突出问题被概括为：大量农业转移人口难

---

① 陈祖新：《新型城镇化“三个 1 亿人”指的是什么？》，2014 年 3 月 20 日，载中央政府门户网 http://www.gov.cn/zhuanti/2014-03/20/content_2642468.htm。

② 《中共中央关于全面深化改革若干重大问题的决定》，2013 年 11 月 15 日，引自 http://www.chinanews.com/gn/2013/11-15/5509681.shtml。

③ 《中央城镇化工作会议举行 习近平、李克强作重要讲话》，2013 年 12 月 14 日，引自 http://www.gov.cn/ldhd/2013-12/14/content_2547880.htm。

以融入城市社会，市民化进程滞后；土地城镇化快于人口城镇化，建设用地粗放低效；城镇空间分布和规模结构不合理，与资源环境承载能力不匹配；城市管理服务水平不高，“城市病”问题日益突出；自然历史文化遗产保护不力，城乡建设缺乏特色；体制机制不健全，阻碍了城镇化健康发展。这个规划提出要有重点地发展小城镇：按照控制数量、提高质量、节约用地、体现特色的要求，推动小城镇发展与疏解大城市中心城区功能相结合、与特色产业发展相结合、与服务“三农”相结合。大城市周边的重点镇，要加强与城市发展的统筹规划与功能配套，逐步发展成为卫星城。具有特色资源、区位优势的小城镇，要通过规划引导、市场运作，培育成为文化旅游、商贸物流、资源加工、交通枢纽等专业特色镇。远离中心城市的小城镇和林场、农场等，要完善其基础设施和公共服务，发展成为服务农村、带动周边的综合性小城镇。对吸纳人口多、经济实力强的镇，可赋予同人口和经济规模相适应的管理权。同时也提出要改造提升中心城区功能：推动特大城市中心城区部分功能向卫星城疏散，强化大中城市中心城区高端服务、现代商贸、信息中介、创意创新等功能。完善中心城区功能组合，统筹规划地上地下空间开发，推动商业、办公、居住、生态空间与交通站点的合理布局与综合利用开发。制定城市辖区设置标准，优化城市辖区规模和结构。按照改造更新与保护修复并重的要求，健全旧城改造机制，优化提升旧城功能。加快城区老工业区搬迁改造，大力推进棚户区改造，稳步实施城中村改造，有序推进旧住宅小区综合整治、危旧住房和非成套住房改造，全面改善人居环境。这个纲领性文件，对于指导广州市番禺区的镇街产业升级转型和番禺区农村的城镇化发展，无疑是最权威的。

根据湖南省国土资源厅对《国家新型城镇化规划（2014—2020 年）》的解读，到 2020 年，我国新型城镇化发展目标如图 1. 26 所示[①]。

从城镇化到新型城镇化，其关键和根本是以产业发展为中心转向以人为中心，提倡大力发展农村副业、乡村工业、特色产业、产业集群、创新产业、创新产业网络等，都是传统的城镇化思维，产城融合、宜居社区、公共资源均等化、放开户籍限制、城乡一体、破除身份歧视等，农民不应

---

① 参见湖南省国土资源厅《学习贯彻〈国家新型城镇化规划（2014—2020 年）〉》，2014 年 11 月 17 日，引自 http://www.gtzy.hunan.gov.cn/xxgk/ghjh/201411/t20141117_4399556.html。

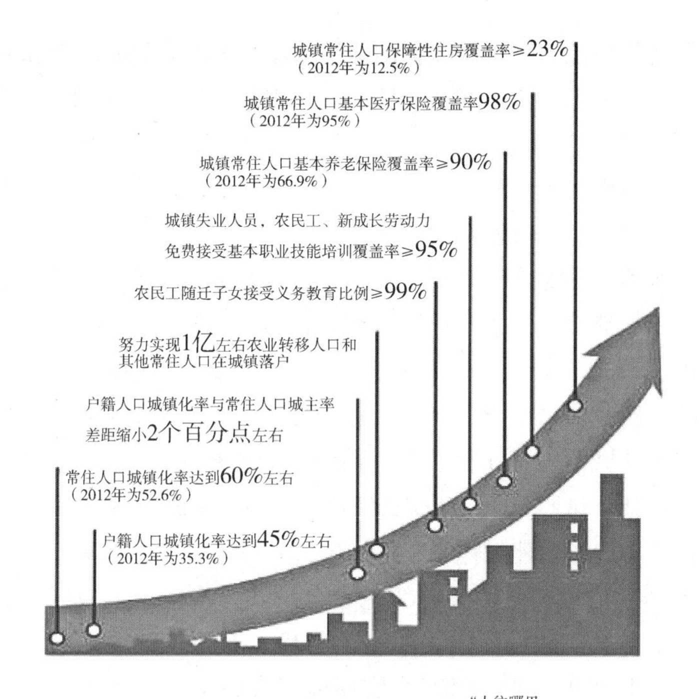

图 1.26 2020 年中国新型城镇化发展目标

只是农民工、产业工人或产业人口、劳动力，农民、市民都是居民，户籍人口、常住人口和流动人口都是所在城镇或城市的居住人口，享有同样权利，也承担相同义务，这才是真正的新城镇化思维。

2015 年 4 月 8 日，广东省人民政府发布了《广东省新型城镇化“2511”试点方案》，提出围绕破解农业转移人口融入城市难、城镇土地利用粗放低效、“城市病”多发、城镇空间结构不合理、城镇化资金保障不到位等问题，以体制机制改革创新为重点开展综合试点。该试点主要有十点：①“一张蓝图”工程。促进“三规合一”或“多规融合”，落实“一张蓝图干到底”的要求。②产城融合项目。整合城区低端产业和零散产业用地，发展商务园区、创意园区、主题园区、楼宇型园区等新型产业空间，努力改善经营环境和周边服务配套设施，培育都市型产业，实现产业园区与城镇的功能契合、空间融合、交通衔接，推动其从单一生产型向生产、服务、消费“多点支撑”的综合性城区转型。③城市更新项目。创新“三旧”改造和棚户区改造的路径方式，重点在城中村、旧住宅区、旧工业区的更新改造、功能置换、产业升级等方面，探索成规模、成单元改造模式，推动城中村“城区化”，促进旧工业区整合、复兴和升级，鼓励社区自我更新，试点空间开发权转移机制。④绿色建设项目。2018 年年底前，初步形成绿色建设体系和建设模式，绿色生态示范城区建设成效显著；2020 年年底前，全面实施绿色建设模式，推广示范城区经验，深入推进低碳生态城市建设。⑤美丽小镇项目。推动基础设施建设和升级改造，完善基本公共服务，深入开展环境综合整治，将民生改善和生态保护、文化传承、产业发展有机结合，创建宜居、宜业、宜游的“美丽小镇”。⑥“骑楼”城市项目。2018 年年底前，建成具有一定规模的岭南特色风貌步行连廊街区，并形成步行和自行车绿道示范区；2020 年年底前，无缝衔接多种公共交通模式，优化提升示范区的规划建设水平，有效改善城市交通出行环境。⑦智慧城乡项目。2018 年年底前，完成有关信息网络、数据中心等新一代信息技术基础设施建设，并积极开展创新应用；2020 年年底前，推广智慧化信息应用和新型信息服务，推动平台建设和功能拓展，有效提升智慧城乡管理水平。⑧城市“良心”工程。2018 年年底前，基本完成城市地下管线升级改造和综合管廊示范段建设；2020 年年底前，有序推广综合管廊建设，地下基础设施成熟完善，综合运行和管理水平显著提升。⑨记忆岭南项目。重视公共设施建设和民生服务保障，传承和弘扬历史文化传统和地方特色文化，建设历史底蕴厚重、时代特色鲜明的人文魅力空间和具有集体记忆的宜居生活区。以历史风貌或人文景观为依托，结合自然山水景观，开展历史文化街区、建筑群与名镇名村文化生态的整体保护，建立保护名录，活化利用历史或老旧建筑。吸收继承岭南传统建筑的风格和元素，探索采取新材料、新工艺，繁荣地方建筑创作，培育岭南建筑精品。保护、挖掘和传承乡村特色资源和传统建筑文化，将乡村发展与文化旅游相结合。⑩公园体系项目。2018 年年底前，绿道网升级和社区体育公园、郊野公园、森林公园、滨水空间规划建设和管理成效显著，构建起完善系统的公园体系和创新管理机制；2020 年年底前，依托绿道建设的绿色基础设施和公园体系建设成熟完善，并与国家公园制度有效衔接。[①] 在这份试点方案中，虽然看不到有关如何突破“三农”人口户籍限制的具体政策和措施，但在新型城镇建设方面的确有了明确举措和清晰思路，并有完成的时间限制要求。

四、新市镇问题

中国城市化的核心是发展小城镇，从城镇化推进到新型城镇化，提高城镇化率，逐渐将农村社会、农村产业和广大农民引导至现代发达国家的文明水平，让农民的就业、居住和社会福利等与发达的大中小城市等同。

但对于像上海、广州、北京、重庆、天津、南京、杭州、苏州等中心城市，农村城镇化显然与一般不发达城市的农村城镇化有所不同，希望更多借鉴新加坡、中国香港等国际大都市曾经推动和施行的新市镇运动的理念、经验及成果。如上海在“十一五规划”中提出的“1966”的四级城镇体系框架[②]。再如，浙江省嘉兴市（临近上海的一个设区市），在其 2008 年发布的《嘉兴市打造城乡一体化先行地行动纲领》中，市镇建设被作为推进嘉兴城市化建设的一项非常重要的工程。市镇既不等同于小城镇和已有的城市，也不等同于放大的居住区，而是从产业链开始开发市镇。这份行动纲领明确提出，在“做特”40 个左右市镇的同时，进一步“做美”中心村和新型农村居民点。此外，该行为纲领还明确了新市镇的

---

① 参见广东省人民政府《广东省新型城镇化“2511”试点方案》，粤办函〔2015〕178 号，2015 年 4 月 8 日，引自 http://zwgk.gd.gov.cn/006939748/201504/t20150416_576599.html。2015 年 12 月 21 日，广东省住房和城乡建设厅公布了广东省新型城镇化“2511”试点名单，番禺区入选广东省 5 个新型城镇化县（市、区）综合试点之一。引自 http://www.panyu.gov.cn/PY01/032/2017-04/20/content_36718b654edd4d4895b987d8ae6d4734.shtml。

② “1966”的城镇体系框架：1 个中心城：指外环线以内的区域，面积约 660 平方公里。9 个新城：是指宝山、嘉定安亭、青浦、松江、闵行、奉贤南桥、金山、临港、崇明城桥，规划总人口 540 万左右，将集聚郊区一半人口。60 个左右新市镇：是指集中建设 60 个左右相对独立、各具特色、人口规模在 5 万人左右的新市镇。对于资源条件好、发展潜力足的新市镇，人口规模按照 10 万至 15 万规划。600 个左右中心村：对分散的自然村适度予以归并，合理配置公建和市政设施。

建设工作重点，比如，在城乡一体化空间布局方面，新市镇的镇村（新社区）布局规划强调与城市规划的统一性和权威性，使市、县、镇的规划横向配套、纵向衔接[①]。据嘉兴市（2011）对新市镇的理解，认为新市镇是指经过综合规划，在大城市郊区建设的具有一定人口规模，并能为居民提供较完善的生活条件和充足的就业机会的新兴城镇，它距中心城区有一定的距离，但又与中心城区保持着较紧密的经济、文化联系。其并认为我国当前新市镇主要建设模式有两种，一种是由近郊型、中心城市功能转型的新市镇，具有产业、居住功能的新市镇，类似于西方的卧城、工业卫星城镇；另一种则是由远郊型、行政区划调整型的新市镇，如改造郊县驻地镇，在中心镇、重点镇基础上扩建新市镇。嘉兴市的新市镇是在原有建制镇的基础上，按照城市的理念进行规划建设的新型城镇，是嘉兴市推进城市化、工业化、农业农村现代化和城乡一体化发展的重要载体，是构建现代化网络型田园城市的战略节点，目标是要建成布局合理、规模适当、经济繁荣、生活富裕、环境优美、特色鲜明的现代化小城市[②]。

广州在2002—2004年先后确定了15个中心镇，番禺区的石楼镇、沙湾镇[③]是其中的2个。根据刘江华的解释，所谓中心镇，就是指具有明显的区位优势，有较大的人口和经济规模，能够对周边的非中心城镇、农村起辐射带动作用的城镇。作为区域性经济中心城市周边的中心镇，由于其特殊的区位，其城镇人口和产业的规模及结构与一般中心镇有很大差距，这些中心镇除了具有一般意义上的功能外，更具有卫星城的性质，即具有承接中心城市向外扩散产业、人口和向中心城市提供日常消费的产品和服务的功能。因此，中心城市周边中心镇的建设，实质上就是卫星城（20平方公里左右、25万人左右）的建设[④]。在2006年广东省农村工作会议上，广州明确提出将把一批成功的中心镇建设成广州的卫星城[⑤]。在2006年中国城市规划年会上，宋劲松、王登嵘基于以小城镇建设为中心的中国特色城镇化出现的问题（生态环境恶化、城镇空间无序、基础设施供给滞

---

① 参见应丽斋、杨志为《新市镇：网络型大城市的40个节点——〈嘉兴市打造城乡一体化先行地行动纲领〉解读之二》，载《嘉兴日报》2008年1月1日第001版。

② 参见浙江省发展改革系统2011年度优秀研究成果《分层分类推进新市镇发展的若干思考》，2013年9月3日，引自http://www.zjdpc.gov.cn/art/2013/9/3/art_125_575495.html。

③ 沙湾镇是2004年被确定为中心镇，当时还包括了现在桥南街的大部分区域。

④ 参见刘江华《广州中心镇建设的功能定位与实现途径》，载《珠江经济》2004年第8期。

⑤ 参见武洋《广州计划将16个中心镇建设为卫星城市》，载《城市规划通讯》2006年第4期。

后等）及矛盾（土地集体所有与产业升级的矛盾、村镇规划管理模式与城镇发展转型的矛盾、财权与事权不匹配的矛盾等），提出新市镇才是珠三角小城镇的发展方向，尤其是经省政府确认的珠江三角洲的中心镇应全部纳入新市镇进行建设①。

新市镇发展模式的创新之处在于，中心城市不再按照“摊大饼”方式向周边扩展、蔓延，而是形成城市的网状结构，发展卫星城（即新市镇），如图 1. 27 所示②。

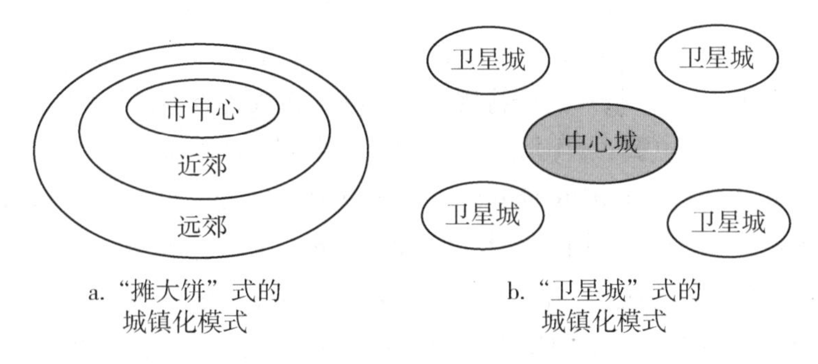

图1. 27　城镇化的两种不同模式：“摊大饼”和“卫星城（新市镇）”

学界一般认为，新市镇的发展建设理念可以追溯至 19 世纪英国的霍华德关于“花园城市”或“田园城市”的设想③。据薛凤旋介绍，英国的新市镇是花园城市的改良版，这些新市镇是英国为解决城市蔓展（urban sprawl）及大城市病，以及促进新工业发展的新城镇化道路。英国的新市镇具有如下特点，其中一些和花园城市概念相似。一是市镇的大部分土地和房产由公营非谋利机构拥有，其财政来自中央政府的贷款；二是由政府任命的发展机构统一规划；三是市镇与母城或大城市保持相当距离；四是一个设施上自给自足及社会均衡的居住与工作单元；五是快速的人口增

---

① 宋劲松、王登嵘：《新市镇——珠三角小城镇发展的新方向》，规划 50 年—2006 年中国城市规划年会论文集：小城镇规划建设。

② 参见郝诗楠《规划与平衡——香港新市镇建设中的政府角色》，载《杭州师范大学学报（社会科学版）》2015 年第 1 期。

③ 埃比尼泽 · 霍华德（Ebenezer Howard，1850—1928）的《明日的田园城市》（*Garden Cities of Tomorrow*）是一本具有世界影响力的书。中译本已由商务印书馆于 2010 年出版。

长；六是住在政府的廉租或经济房的人口占全市镇一半以上[①]。薛凤旋也详细介绍了香港新市镇发展动因和历程。香港建设新市镇主要有两个目的：解决住房短缺以及提供合适土地以支持出口型工业发展。因此，首个新市镇便是工业最大集中地荃湾。第二及第三个新市镇沙田及屯门也是按工业城市来规划。为了配合香港地少人多、工商业用地需求大的本地特点，香港的新市镇都由政府专门部门负责和全由政府出资兴建。除了保持均衡发展、就业上尽量自给自足的设计原则外，都是极高密度的发展，而且发展速度极快，往往由一个人口 5 万上下的小镇，在 25 年内便发展成为人口超过 50 万的大城市；其市镇范围一般只有 20 ～ 35 平方公里，人口密度是英国的 4 ～5 倍。这个特别类型的新市镇成为香港过往 50 年的城镇化及城市规划的主调，可说是新市镇在亚洲地区的特殊发展案例。自 20 世纪 70 年代初起，香港的城镇化便以新市镇为代表。2009 年已有 300 多万人口居住于新市镇之内，约占香港总人口的一半。多年来，香港的新市镇建设经历了三个阶段。第一阶段是荃湾、沙田和屯门的建设。初期的规划人口约 50 万人，目前的最终规模已近百万人口。第二阶段是规划人口 25 ～35 万的中型城镇大埔、元朗、上水及粉岭。第三阶段乃人口 50 万的工业卧城——将军澳。香港在 1997 年回归后已展开了以服务空港为主的新市镇东涌和大濠的兴建[②]，如图 1. 28 所示。

2002 年人民日报记者陈少波有一篇采访，里面提到：香港从 1973 年开始在新界兴建新市镇。经过 30 年的发展，9 个新市镇以群星拱明月之势，紧密地环绕在老城区周围，形成了母城与新区相结合的城市格局。港九母城作为香港的政治、经济、文化中心，是整个城市的核心，9 个世界级的新市镇则构成城市的次核心，加上具有乡土气息的小镇，形成了三级城镇体系。30 年里香港的新增人口，全都被新市镇“消化”了[③]。而胡玉娇的研究认为：受花园城规划思想影响，香港开发新市镇的宗旨在于建立“自给自足”及“均衡发展”的独立卫星城。为此，港府将制订新市镇计划的目标确定为：一是开辟新土地，配合十年建屋计划，以解决房屋问题；

---

① 参见薛凤旋《英国新市镇：西方资本主义下政府主导的城镇化个案》，载《北京规划建设》2014 年第 5 期。

② 参见薛凤旋《英国新市镇：西方资本主义下政府主导的城镇化个案》，载《北京规划建设》2014 年第 5 期。

③ 参见陈少波《新市镇改写香港城市面貌》，载《人民日报》2002 年 11 月 24 日港澳台侨版。

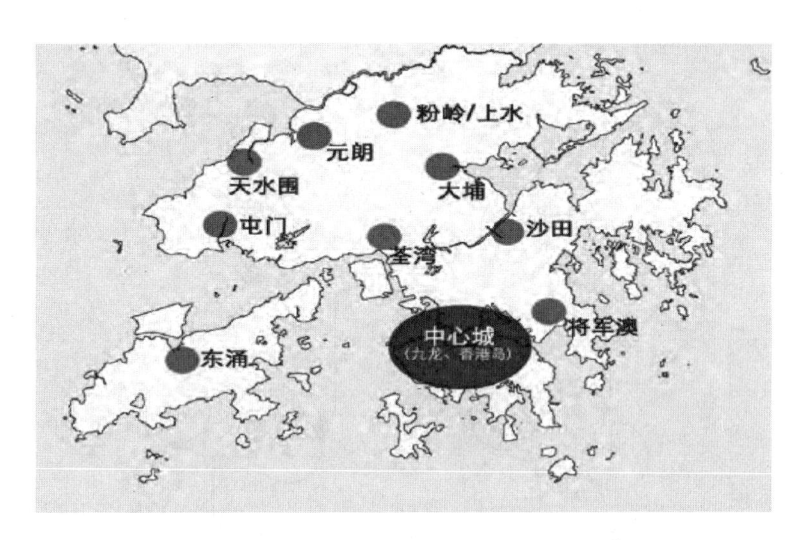

图 1.28　香港的一个中心城和九个新市镇①

二是将工业吸引至新地区；三是将人口分散到新界，以缓和香港市区挤迫的问题，同时缓和过挤的市区情况，改善居民的生活环境。为实现上述目的，香港政府希望每一个新市镇都能够提供足够的就业机会以及购物、康乐及其他社区设施，为居民营造一个满意的居住环境②。

成功开展新市镇建设的另一典范是新加坡。新加坡为实现“住者有其屋”计划，以“TOD”方式③建设新镇或新市镇。新加坡的新镇一般为三个层级，即新镇（new town）、小区（neighborhood）和邻里（precinct）。如图 1.29 所示。

---

① 参见郝诗楠《规划与平衡——香港新市镇建设中的政府角色》，载《杭州师范大学学报（社会科学版）》2015 年第 1 期。

② 参见胡玉娇《香港新市镇的“三代”变迁》，载《开发研究》2009 年第 1 期。

③ TOD：以公共交通为导向的开发（transit - oriented development，TOD），公共交通主要是指火车站、机场、地铁、轻轨等轨道交通及巴士干线，然后以公交站点为中心、以 400～800 米（5～10 分钟步行路程）为半径建立中心广场或城市中心，其特点在于集工作、商业、文化、教育、居住等为一身的“混合用途”，使居民和雇员在不排斥小汽车的同时能方便地选用公交、自行车、步行等多种出行方式。

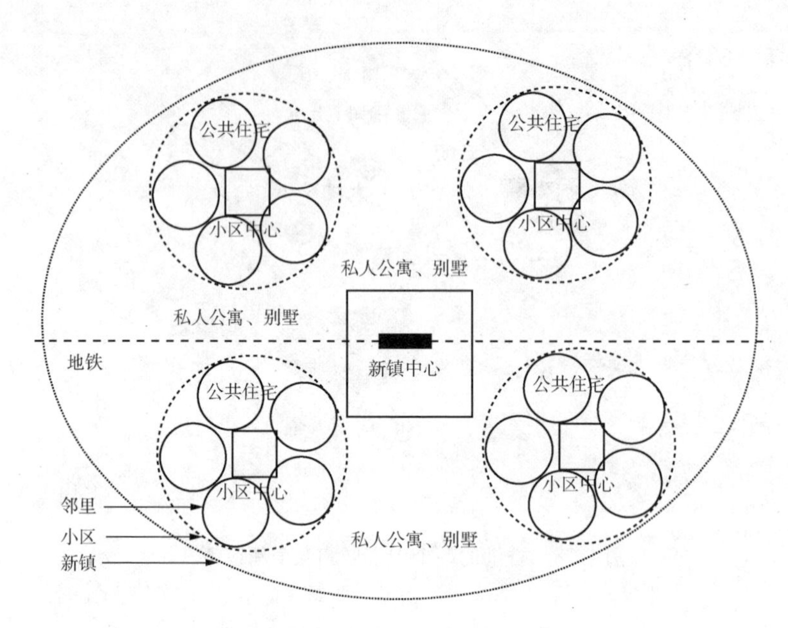

图 1.29　新加坡新市镇布局①

在《宜宾临港经济技术开发区控制性详细规划》里，有一幅更为形象的图（图 1.30）可资参考。

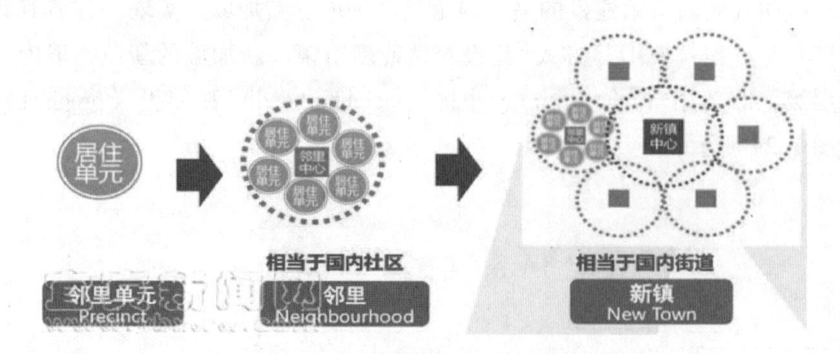

图 1.30　新加坡新市镇三级体系②

① 参见任赵旦、王登嵘、张铭浩、董锦元《新加坡城市商业中心规划经验与昆明实践》，载《规划师》2014 年第 7 期。

② 《学习新加坡经验 临港打造居民生活新模式》，2014 年 6 月 13 日，载宜宾新闻网 http://www.ybxww.com/content/2014－6/13/2014613212908736E－02_1.htm。

纪立虎对此介绍得颇为详细：新镇中心用地很大，靠着众多的服务人口（15 万～30 万人），吸引着许多零售商、私人机构、银行、娱乐机构和图书馆等设施，是新市镇最繁华的区域。邻里中心主要配置居民日常生活服务设施，服务半径不大于 800 米，使居民能在 10 分钟内从家中步行到达邻里中心。服务于日常生活的商店包括小超市、杂货店、小贩中心（餐饮中心或小吃中心）、私人诊所、农贸市场等。邻里单元的主要配套设施有小运动场、儿童游戏场和邻里单元公园等[①]。而据胡海洋的介绍，新加坡每一个新市镇都采用同样的模板，即长宽均为 2.5 公里，四周由快速路环绕。新市镇道路网联系城镇与城市其他功能区，分为三个层级：最外围的快速路，新镇中心与各个住宅区，即新镇里的多个邻里之间的主要干道，以及住宅区，即邻里单元之内的道路，层级分明，绝不相互穿越[②]。

新加坡现已建成 23 个新市镇，容纳约 890212 个住宅单位，3094100 个居民。20 世纪 60 年代初期，新加坡 74% 的人口挤在只占全国面积 1.2% 的市区里，并且居民住房条件极其差，甚至没有水电和卫生设备[③]。另据王茂林所提供的资料，新加坡约九成的人口居住在新镇中，公共住宅政府组屋（public housing）是新镇的主体，许多私人公寓、别墅也有机地组织在新镇体系的框架中。在 1960 年只有 9% 的新加坡人口住在政府组屋中，而 2006 年则有 82% 的人口居住在政府组屋中。新加坡新镇规划设计，住宅区普遍采用 10～25 层为主高层住宅楼，容积率为 2.8～3.5 的高密度发展方式。由于人口规模增加，近年在一些新镇中心周围也新建了许多 30～40 层点式住宅。这种高层、高密度的居住方式，也同时保证了大、中、小型绿化地块的数量和空间分布。高密度的新镇是新加坡绝对主要的居住形式，新镇已经不是绝对郊区化城镇的概念，而是城市的一部分。23 个新镇规划总用地约 180 平方公里，约占全岛面积的 25%，大部分新镇距离城市中心 10～15 公里，兼顾了大都市去中心化与良好的通勤时间，是理想的间距。新镇的主体是政府组屋，分布在全岛各地。新镇人口规模 15 万～30 万人，有大有小，其空间分布规律为：越靠近市区的新镇规模越小，如市区边缘的皇后镇（Queenstown），新镇规划人口约 17

---

① 参见纪立虎《新加坡新市镇规划的经验及启示》，载《上海城市规划》2014 年第 2 期。

② 参见胡海洋《“住者有其屋”的新加坡新市镇规划》，“全心全意”微信公众号。

③ 参见胡海洋《“住者有其屋”的新加坡新市镇规划》，“全心全意”微信公众号。

万，而远离市区的规模越大，如淡滨尼新镇规划人口约30万[①]。

但田东海认为，新市镇不是卫星城，只是国土狭小的新加坡大都市系统中的一个节点（Node）[②]。王蕾、袁中金认为，新加坡的新镇建设主要有三个原则：①一定要从大做到小；②从远期做到近期，从地下做到地上；③先把重要的自然地点、原始森林和沼泽地设为永久保护区予以绝对保护，这种地区大都也是新加坡岛的水源保护区[③]。

新加坡中心区与新镇的区位特征，如图1.31所示。

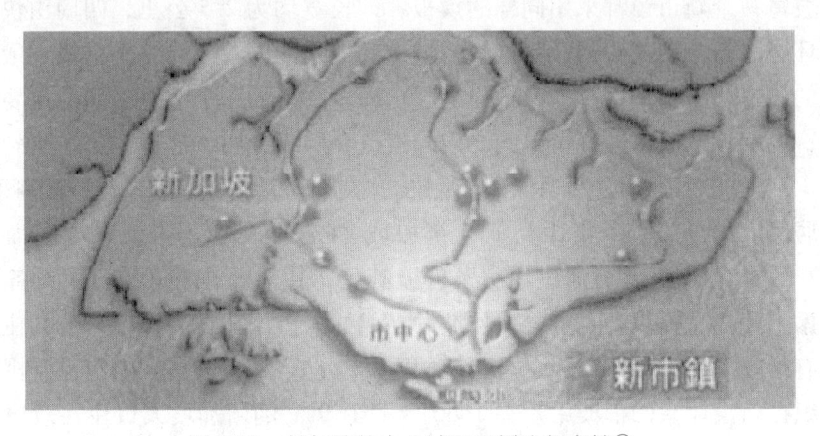

图1.31　新加坡的中心城区和周边新市镇[④]

五、研究述评和思考

从费孝通提出发展小城镇，到中央政府提倡大力发展小城镇，以推进小城镇建设和发展为主的城镇化模式就成了中国特色城镇化道路，小城镇发展模式也就成为开启解决中国“三农”问题的钥匙。城镇，就其内涵而言，应主要指乡村集镇、建制镇和街道，城镇化水平较低时，一般以乡村集镇形式出现，进一步发展，乡村集镇就可以演变为建制镇，当城镇发展

① 参见王茂林《新加坡新镇规划及其启示》，载《城市规划》2009年第8期。

② 参见田东海《新加坡新市镇的发展》，载《北京规划建设》1997年第1期。

③ 参见王蕾、袁中金《新加坡新市镇规划设计的探究与启示》，载《现代城市研究》2009年第2期。

④ 参见王蕾、袁中金《新加坡新市镇规划设计的探究与启示》，载《现代城市研究》2009年第2期。

已经基本融入城市（无论是县城、省城还是直辖市），建制镇往往被调整为城区的一个街道，以便纳入中心城区的统一规划之中。关于城镇的具体所指，笔者的看法与百度百科及其他主流学者的观点是有区别的，即城镇化所指的城镇是“乡村集镇+建制镇（含中心镇和一般镇）+街道”，可简称为“镇街”。镇包括集镇（不是一级政府，属于乡村社会自发形成的经济中心、文化中心）和建制镇（最基层的一级政权，有完整的政府权力机构、司法机构、执法机构等，既是历史形成的乡村地区经济中心、文化中心，还是为政府认可的行政或政治中心），街是指街道（街道是区政府或县市级政府的派出机构，不是一级政权，在其下辖的基层单位或组织中，既有城市社区也有自然村，一般简称为“村居”，自然村由村民委员会自治管理，城市社区则由居民委员会管理）。基于此，本书研究的番禺区的镇街产业发展问题，实质上是研究番禺区的城镇化发展问题。

改革开放以来，以发展小城镇为核心的城镇化格外受到重视，围绕小城镇的发展，在不同时期，政府推出了相应的不同政策，以便引导、支持城镇经济发展。广州最早推出了“广州中心镇”政策，重点支持16个中心镇发展，番禺区的石楼镇、沙湾镇是其中的两个。广东省则推出“专业镇”政策，重点支持专业镇的特色产业集聚和创新发展，番禺区的沙湾镇作为其中的珠宝首饰专业镇得到了支持。近期，国家又推出了“特色小镇”的发展政策，重点支持具有产业特色的小镇（规划小镇和建制镇都有）发展，番禺区沙湾镇又得以成为广州市唯一的国家级“广州瑰宝小镇”。在番禺区6镇10街中，沙湾镇每次都被国家及省市城镇化政策所聚焦，沙湾镇的城镇化发展与国家城镇化发展的脉搏跳动基本一致。番禺区北部（与广州主城区一江之隔，是广州南拓的直接受益区域），由于镇街自主发展的空间有限，市区主导着番禺区北部镇街的发展。综合以上情况，笔者对于番禺区镇街产业发展问题的研究将主要选取番禺区沙湾镇为样本，从而探讨以自主发展为主的番禺区镇街产业的进一步发展问题。

处于大都市或大都会的镇街发展和农村城镇化问题，是有其特殊性的。正如前面的研究所指出，传统农村城镇化与资源、环境、生态、人的发展等，问题重重、矛盾日趋尖锐，按照新型城镇化要求发展，不仅是为响应政府号召，更是自身的迫切需要。沙湾镇地处佛山市顺德区和广州市南沙区的接合部，因此其城镇化和产业发展，是要发展成为粤港澳大湾区都市群、广佛都市圈和广州大都市中的一个新市镇或卫星城，要形成和发展的是与大都市相容的经济与产业。不过，沙湾镇的现实却是既有农村也有城市社区（目前，沙湾镇下辖14个行政村和5个社区居委会），城镇化的任务远没有完成，都市景观、都市产业和都市生态仍需要发展、重构和再造。沙湾镇（已经是市级中心镇、省级专业镇和国家级特色镇）作为广州的新市镇或卫星城，作为城镇到底该如何定位，产业又该如何发展，需要再思考。

第二章　沙湾镇城镇发展功能与产业定位研究

对于番禺区镇街产业发展研究，笔者选择最具代表性的沙湾镇。沙湾镇在不同时期都具有代表性。改革开放前，沙湾镇是典型的岭南水乡，以农业为主。改革开放后，沙湾镇作为农村工业化的一个优势发展区域，城镇化水平不断提高，因而先后成为广州市中心镇、广东省珠宝首饰专业镇和国家第二批特色小镇（广州瑰宝小镇）。沙湾镇与番禺区其他镇的最大区别，是其发展的相对独立和自主性，并形成了自己的特色产业和核心优势。

第一节　沙湾镇城镇发展功能定位分析

一、沙湾镇概况

根据2016年《番禺年鉴》资料，沙湾镇位于番禺区西南部，面积37.45平方公里，下辖14个行政村和5个社区居委会，2016年年末，全镇总人口11.38万人，其中户籍人口5.77万人（如图2.1所示）。

正如前述，2007年1月1日起，原沙湾镇的陈涌村、蚬涌村、草河村和陇枕社区居委划归桥南街，桥南街由2.6平方公里辖区面积增加到17.85平方公里，沙湾镇则由51.71平方公里的辖区面积变为37.45平方公里（如图2.2所示）。

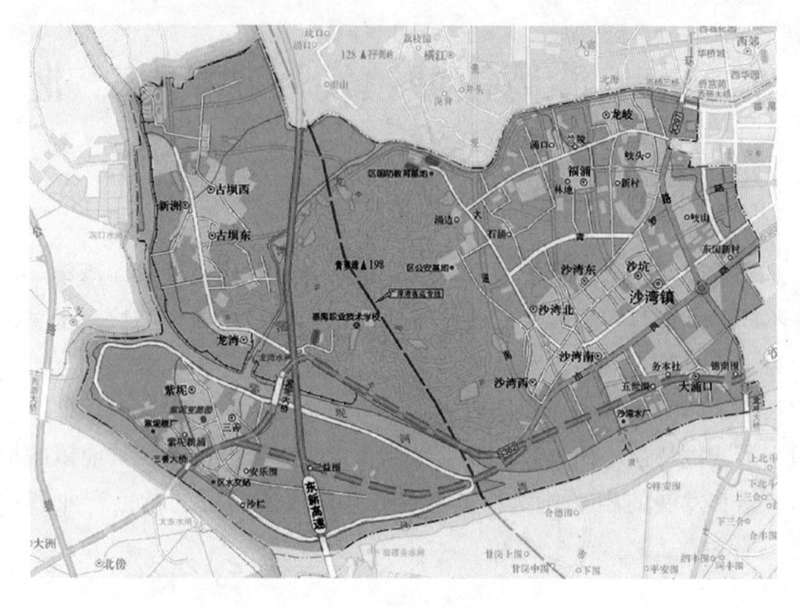

图 2. 1　番禺区沙湾镇行政区域①

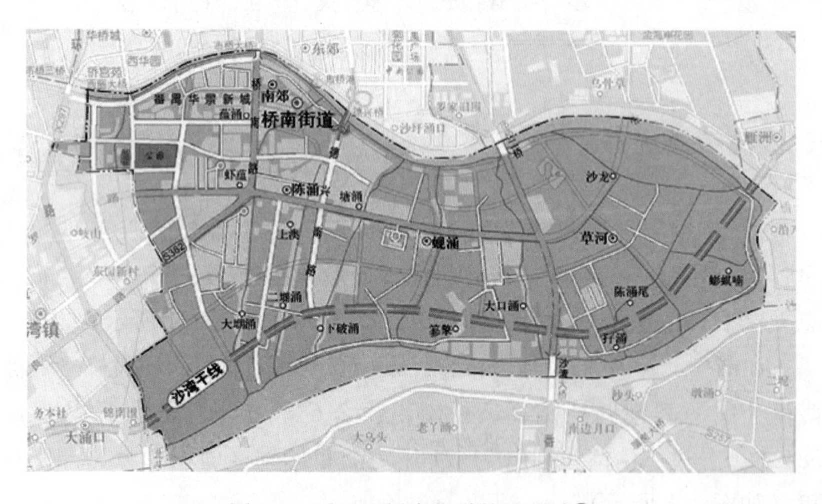

图 2. 2　番禺区桥南街道管辖区域②

沙湾镇城镇建设中心区，是在沙湾镇东部，桥南街道建设中心区，是

① 引自番禺区政府网站，http：//www. panyu. gov. cn/gzpy/dzdt/map. shtml#。

② 引自番禺区政府网站，http：//www. panyu. gov. cn/gzpy/dzdt/map. shtml#。

在桥南街道的西部；沙湾镇的东部和桥南街道的西部，实际上是毗连在一起的，市桥南部的新城区，实际上包含了沙湾镇东部，并非仅指桥南街道。

沙湾镇始建于宋朝，发展至今已有800多年历史，其历史底蕴深厚，文化源远流长。改革开放以来，沙湾镇获得过全国文明村镇、国家卫生镇、中国历史文化名镇、中国民间艺术之乡、中国文化旅游名镇、全国文明小城镇示范点、广东省教育强镇、广州市中心镇、广东省珠宝首饰技术创新专业镇、国家第二批特色小镇等称号。

沙湾镇在2003年9月就已由广州市番禺城镇规划设计院和广东省城乡规划设计研究院编制了沙湾镇总体规划（2003年12月获批），但根据广州市人民政府的批准和番禺区人民政府的决定，从2007年1月1日起，原属沙湾镇管辖的陈涌村、蚬涌村、草河村和陇枕社区居委被桥南街正式接管，从而土地面积由51.71平方公里减少为37.45平方公里，土地面积因此减少14.26平方公里，沙湾镇的辖区空间结构也因此发生了巨大变化：市桥是番禺老中心城区、沙湾是番禺新中心城区的空间格局演变为市桥为番禺老中心城区、桥南为番禺新中心城区；或者说市桥南区指的不再是沙湾而是桥南，沙湾也就不再归入番禺中心城区。行政区划调整对地方的影响由此可见。正如两地的地图所示，行政区划调整了，但发展的现实却改变不了，沙湾镇与桥南街实际上还是连在一起的。

2005年，番禺区委、区政府对于番禺中心城区南区的规划是：南区范围包括市桥水道以南、沙湾水道以北、大刀沙以西、西环路以东约17.15平方公里的土地。南区的主要功能定位为：番禺中心组团的南组团、城市文化与商业中心、具有南国水乡特色的高质量城市居住生活区。规划确定本区近期建设完成后，可以容纳约14万人，规划期末人口总数为16万。根据该地区发展性质和居住人口规模，结合周边用地的具体条件，规划提出“两轴两带、四个居住组团”的规划结构。

从发展现实看，市桥南区正由前些年绝对的农村、郊区开始逐步发展成为现代化生态居住中心区，沙湾镇的城镇化发展规划因此步入新的形势之中，2003年的规划也就因此难以真正实施。

在此情况之下，沙湾镇总体规划中“两区三片”的功能格局初步调整为：镇中心区直接与市桥相连，南至沙湾水道将建成全镇的行政、文体、商业中心，山水生态居住区与现代新型工业园；福龙区定位为融精品商业、休闲度假、文化娱乐于一体的，具有南国水乡特色的生态生活园区；古龙片由新洲、古坝西、古坝东、龙湾村组成，主要发展成现代轻工业及外向型加工业等高附加值、高产出的新型工业区；紫坭片为整个紫坭岛范围，规划建成集休闲、观光、旅游、度假于一体的生态旅游区；滴水岩片包括滴水岩森林公园与广州番禺职业技术学院，规划为一个能满足各层次群体旅游、健身、休闲、度假、科普、娱乐等多方面需求的城市近郊森林公园与教育产业区。

沙湾镇总体规划经过如此重新构思，虽然有了建设发展新沙湾的大致思路，但是远未科学和清晰，难以指导沙湾今后的城市建设和产业发展。基于此，本研究着眼于沙湾镇的现状和未来，对沙湾镇城市功能发展与产业定位进行再研究，以期能够引导新沙湾今后的发展。

二、沙湾有被边缘化的危险

沙湾的地理位置很清晰，在广州南部、番禺西部，紧邻番禺老城区——市桥和番禺新城区——桥南。但是，沙湾到底是什么，却难以说清。沙湾的城市功能、产业发展定位，讲的就是沙湾的位置，决定着沙湾的未来和走向。我们都知道华南新城、大学城、广州南站新城、番禺新城、广州新城、亚运城、广州国际创新城、思科（广州）智慧城、市桥南区，但是我们却不知道沙湾到底归属于怎样的一座城市。沙湾不是华南新城、大学城、广州南站新城、番禺新城，也不是广州新城、亚运城，而是市桥南区的一部分，但沙湾的主体却又不在市桥南区。根据《中共广州市番禺区委关于制定全区国民经济和社会发展第十二个五年规划的建议》，“十二五”时期，番禺区将全力发展七大重点区域，即重点建设广州大学城（国家一流的大学园区，产学研一体化发展的城市化新区），广州新城（以亚运城为启动区的都市新区），番禺新城（总部经济 CBD 区、休闲度假区、现代居住区），广州南站地区（商务、商业和居住综合发展区，穗港澳现代服务业合作先行先试区），广州番禺重大装备制造基地（大岗镇），广州番禺轿车生产研发基地（化龙镇）和广州国际商品展贸城（化龙镇），建设都会级商务、经贸、旅游、会展、资讯、教育、文化综合服务中心。2016 年发布的《广州市番禺区国民经济和社会发展第十三个五年规划纲要》强调要以广州大学城为“智核”，以地铁七号线、南大干线为纽带，串联广州国际创新城、万博商务区、广州南站商务区等重大创新功能区，重点构建“一城多园”的创新平台体系，打造联通珠三角东西岸城市带创新走廊，辐射带动全区创新产业园区发展，形成“一核一廊、多点支撑”的创新经济发展格局，为珠三角自主创新示范区的建设和广州建设珠江创新带提供支撑。突出强调要重点建设万博商务区、广州国际创新城、现代产业基地、广州南站商务区等四大发展区域，加快培育新型主导产业，推进全区主导产业差异化、专业化、集群化发展，形成多点支撑的新增长极空间格局。但是，沙湾不在此列，这就是沙湾的问题所在。沙湾的位置在哪，如果这一点说不清，沙湾在番禺、在广州、在珠三角甚至在中国的位置，也就说不清楚；一个说不清自己位置的沙湾，要在番禺、广州、珠三角和中国占有一席之地，也就不大容易。在周边区域加速发展的进程中，沙湾的的确确有被边缘化的危险，有可能从昔日的明星镇、先行镇变成后进镇、落后镇。

沙湾有威乐珠宝产业园，那么沙湾可否定位为现代产业新城或珠宝城？沙湾有古镇区、宝墨园、南粤苑，沙湾是否又可定位为旅游城或历史文化名城？沙湾有滴水岩生态森林公园，沙湾可否定位为生态城？沙湾有沙湾水道，是番禺自来水厂、沙湾自来水厂所在地，是否又可定位为水城？沙湾还有广州番禺职业技术学院，沙湾是否应定位为大学城或职教城？这些，既为沙湾找准自己的位置提供了基础和条件，也为沙湾选准自己的位置制造了困难。沙湾必须找准了、选准了，才能真正明晰自我，在激烈竞逐的区域发展中才能赢得成功的果实。

三、定位的原则：整体性、都市化和特色化

沙湾明确自己在今后较长时期的角色和位置，必须遵循如下三个原则。

（一）整体性原则

整体性又称统一性。首先，沙湾镇所辖行政区域作为一个统一的整体，应该具有同一性和一致性，城市功能、产业发展、社会文化等都应该有一个共同目标，不能只见局部不见整体。珠宝产业园也好，宝墨园也罢，或者是古镇区的保护、挖掘和开发，以及“三旧改造”的推进和发

展，都不能各唱各的调，而应该是在统一目标之下的局部，是完成新沙湾建设目标的重要组成部分，再突出也不能超越沙湾的统一部署和整体规划。

其次，沙湾镇的统一规划和部署，也不能脱离番禺区、广州市和珠三角的整体规划和部署，而应该成为其中的重要组成部分，实现身在其中的崛起，不是另搞一套。粤港澳将构筑世界级全球性大湾区，珠三角要实现一体化，广佛要同城化，珠三角还要构筑全球性的城市群或城市连绵区。广州要建设成为国家重要中心城市和活力全球城市，要成为首善之区、幸福之城和美丽宜居花城，要通过“南拓、北优、东进、西联、中调”建设新广州，即“山、水、城、田、海”的山水型生态城市。根据番禺区片区规划，番禺片区是广州市21世纪的重点发展地区，是珠江三角洲乃至华南地区的区域服务业核心区，是21世纪广州新中心城区。在《广州市番禺区发展战略大纲（2017—2035)》中，广州将番禺区整体划分为四大功能片区：西北、东北、西南和东南等四个组团中，沙湾镇属于西南组团(市桥及周边地区)。西南组团的定位是：番禺的综合服务中心和岭南文化胜地，可结合现有产业重点发展商贸服务、珠宝产业、节能科技、动漫设计、健康医疗，其他项目重点包括更新改善人居环境、完善公共服务设施及市政公用设施配套。其中规划要求沙湾片区将珠宝产业与古镇旅游结合开发，融合发展珠宝设计、展销、文化展示、人才培训、检测鉴定、古镇旅游、民俗旅游等产业，打造以珠宝产业、旅游休闲为主的特色产业片区。这些是沙湾定位必须考虑并遵从的重要原则，不可回避和忽视。

因此，沙湾既要积极融入广州都会区和番禺中心城区，又要错位发展，方能体现整体性原则。

（二）都市化原则

依据“市域—次级分区—发展组团”的空间层级，广州城市总体发展战略规划提出构筑主中心—副中心—中心镇、小城镇（村庄）的城乡空间体系。据此，沙湾应主要定位为中心镇、小城镇（村庄），似乎与主中心城区、副中心城区没有关系。沙湾过去及目前也的确主要围绕如何打造中心镇开展各项工作。2002年，广州确定建设首批5个中心镇，包括白云区的江高镇、番禺区的沙湾镇、花都区的狮岭镇以及从化区的太平镇、增城区的石滩镇。

中心镇建设，的确为沙湾的发展带来了突破，市、区、镇三级为沙湾中心镇建设共投入资金超过亿元，沙湾镇基础设施建设也因此取得一个又一个突破。根据2007年广州农村工作会议的解释："中心镇，是所在农村区域内的经济中心，依托城区对农村区域进行辐射，是农村工业化、农业产业化和农村城市化的重要载体，它是城乡联动的关节点，相对于上海、广州等大城市而言，抓住中心镇就抓住了农村城市化的关键。""中心镇建设是广州市在新时期解决'三农'问题，实现农村工业化、城市化和农业产业化做出的战略举措，是一项长期性、系统性的伟大工程。中心镇建设的根本一点就是要发展经济。"

但我们提出，沙湾镇不能简单定位为广州及番禺的中心镇，不能简单定位为"农村区域内的经济中心"，而应将沙湾当作广州都会区之一和番禺新中心城区之一进行打造，沙湾的发展方向是广州的都市化区域，而不是广州的一个远郊城镇和农村区域经济中心。

广州早在2000年的战略规划中就已经提出将全市划分为五个片区，即都会区、花都片区、从化片区、增城片区、南沙片区，并确定都会区空间布局的基本取向为南拓、北优、东进、西联，东部、南部为都会区发展的主要方向。还规划确定东进轴、南拓轴两条城市功能拓展轴，沿珠江前航道发展带、沿珠江后航道发展带、沿沙湾水道发展带三条沿江城市发展带，白云山西侧北部转移带、海珠区—市桥南部转移带两个转移带。在此规划中，沙湾首先被列入都会区。沙湾处在广州南拓轴，也属于沿沙湾水道发展带和海珠区—市桥南部转移带。

2003年3月的《广州市城市总体规划（2001—2010）》将全市域划分为都会区、南沙片区、花都片区、从化片区和增城片区。都会区是指中心组团、番禺区沙湾水道以北地区、东涌及增城新塘、永和两镇，总面积约2300平方公里。沙湾镇被进一步明确为广州的都会区范围之内。其对"南拓"的解释为：南部地区具有广阔的发展空间，未来大量基于知识经济和信息社会发展的新兴产业、会展中心、生物岛、广州大学城、广州新城、南沙新区等将布置在市区的南部地区，使之成为完善城市功能结构、强化区域中心城市地位的重要区域。所以，沙湾镇也被赋予完善广州城市功能结构和强化区域中心城市地位的重任。

而根据2009年的广州战略规划，广州的市域城镇空间体系构成见表2.1。

表 2. 1 广州市域城镇空间体系构成

类别	数量（个）	名称及范围
主城区	1	主城区（荔湾、越秀、天河、海珠、白云五线及流溪河以南）
副城区	6	番禺副中心
		黄埔—萝岗副中心
		空港新城
		南沙滨海新城
		增城片区中心
		从化片区中心
卫星城	2	知识城（九龙）、新塘
小城镇	25	太平、鳌头、良口（中心镇）、吕田、温泉 狮岭、炭步、梯面、花山、花东、赤坭 大岗、化龙、榄核 江高、太和（中心镇）、钟落潭（中心镇）、人和 石滩、中新、派潭、正果、小楼 万顷沙、横沥

在表 2.1 中，2009 年，广州市域范围划分为主城区、东部片区、番禺片区、南沙片区、北部片区、增城分区和从化片区等七个片区。番禺片区即为番禺区，是铁路客运交通枢纽，商贸、旅游综合服务中心，高等教育基地，重型装备制造业基地之一，承接主城区人口疏解的居住城区。2020 年，番禺片区总人口控制在 204 万人，建设用地规模控制在 284 平方公里。紧邻市桥城区的沙湾镇，无疑是广州都会区的副城区的一部分。

《中共广州市委关于制定国民经济和社会发展第十二个五年规划的建议》进一步提出，广州要坚持“南拓、北优、东进、西联、中调”的空间发展战略，引领城市发展全面转型升级。按照“生态优先、城乡一体、组团发展、节约用地、适度规模”的原则，坚持人口、资源、环境相协调，构建中心城区、外围城区、重点镇、一般镇协调发展的城镇体系，形成以生态组团为单元、生态廊道相隔离的一主六副多组团城市空间结构。广州着力打造一轴两城三中心，即打造中心城区一条中轴线，承载集聚高端要素、提供综合服务的核心功能；致力打造东部山水新城和南沙新城两个综合性现代化新城；推动花都新华、增城荔城、从化街口三个城区中心建设，承接新增和转移人口的功能、产业功能、公共服务功能。沙湾正处在广州新城市中轴线南区的前沿。

沙湾与广州将重点打造的新中轴线的关系，如图 2. 3 所示。

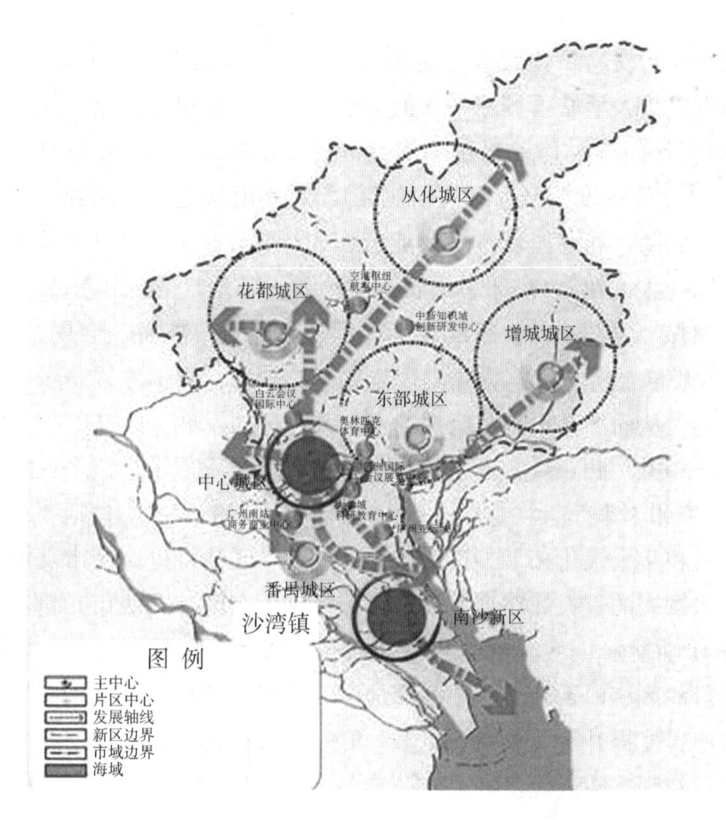

图 2. 3　广州“十二五”规划提出的“一轴两城三中心”

未来广州新城市中轴线的打造，势必深刻影响沙湾发展的未来，沙湾也必将由市郊镇发展为广州的都会中心城区之一。

根据《广州市番禺区城镇发展“十一五”规划》，沙湾镇中心区被划入番禺中心城区。从中心镇到中心区，一字之变，我们认为沙湾确实到了向都市化加速进军的阶段。该规划对沙湾镇中心区的建设设想是：沙湾镇中心区范围南至沙湾水道，东至西环路与南区相接，北至市桥水道，西至景观大道所围合成的区域，总用地 10. 66 平方公里。沙湾镇中心区的定位为番禺中心城区的重要组成部分之一，沙湾镇行政、文体、商业中心，现代新型工业园与山水生态住区。但此规划也带来困惑，即沙湾镇中心区的定位仍局限于沙湾镇，没有从沙湾跳出来定位沙湾。

（三）特色化原则

根据《中共广州市番禺区委关于制定全区国民经济和社会发展第十二个五年规划的建议》，“十二五”时期，番禺区将全力发展七大重点区域，即重点建设广州大学城（国家一流的大学园区，产学研一体化发展的城市化新区），广州新城（以亚运城为启动区的都市新区），番禺新城（总部经济 CBD 区、休闲度假区、现代居住区），广州南站地区（商务、商业和居住综合发展区，穗港澳现代服务业合作先行先试区），广州番禺重大装备制造基地（大岗镇），广州番禺轿车生产研发基地（化龙镇）和广州国际商品展贸城（化龙镇），建设都会级商务、经贸、旅游、会展、资讯、教育、文化综合服务中心。沙湾之所以在其中缺席，根本原因是没有形成自己的特色，从而上升不到区级层面考虑其片区的发展。

根据《中共广州市委关于制定国民经济和社会发展第十二个五年规划的建议》，广州未来 5 年将重点推进 17 个重点区域的发展，包括 8 个功能强化型区域和 9 个优化拓展型区域。“这些重点区域将提升城市功能，辐射带动周边发展的重大战略型发展载体，做到每个区（县级市）都有发展载体。” 8 个功能强化型区域为珠江新城—员村地区、琶洲地区、城市新中轴线南段地区、白云新城、白鹅潭地区、广州（黄埔）临港商务区、越秀核心产业功能提升区、天河智慧城。9 个优化拓展型区域为中新广州知识城、南沙新区、空港经济区、广州南站商务区、增城经济技术开发区、从化温泉地区、大学城周边地区、广州新城、白云国际健康产业城。沙湾（乃至整个市桥区域）在此同样缺席，原因也在于沙湾（乃至整个市桥区域）未来发展没有找准位置，从而其发展难以上升到市级层面考虑其片区的发展。

城镇特色是城镇自然环境、历史传统、现代风情、精神文化、建筑风格、经济发展等诸多要素的综合表征。城镇有特色才有魅力。受到众人青睐的城镇，大都是个性鲜明、别具一格的城镇。城镇有特色才有品质。因为只有城镇的各个要素都达到很高水平，才能凝聚为城镇特色。城镇有特色才有凝聚力。有特色的城镇，大都比较好地坚持了以人为本的理念，使广大居民、村民对城镇有认同感、归属感和自豪感。城镇有特色才有活力。有特色的城镇必然是资源得到合理配置、优势得到充分发挥的可持续发展城镇。

中国社会科学院研究员、中国城市发展研究会副理事长朱铁臻根据自己多年的研究成果和观察思考，曾提出了一些建设性意见。他认为，突出城市特色，要处理好四个关系：一是自然因素与人工因素的关系。要尽可能地顺应、利用和尊重富有特色的自然因素，在尊重自然规律的前提下，创造自然与人工相结合的美好环境。二是多样性与统一性的关系。城市建筑应当多样化，同时又要维护城市的统一性、整体性和协调性。三是新与旧的关系。城市在发展过程中总是新建筑与旧建筑并存。有特色的现代城市，一方面要珍惜和保护具有历史文化传统的旧建筑，另一方面又要建起一批具有时代感和创新意识的新建筑，但不能把旧的统统拆毁，以新代旧。四是重点和一般的关系。城市的各项建设量大面广，要使城市体现特色，一定要突出重点，照顾一般，不可能处处体现特色，重点是搞好总体构思，精心设计和建设好重点街区和建筑群。我们认为，沙湾的城镇规划与建设，应该重点参考这四条意见，从而真正形成沙湾的“特色”，以免陷入城镇化发展的“特色危机”。因为一个城镇的特色就是这个城镇的个性，它是城镇在形成发展中所具有的自然风貌、形态结构、文化格调、历史底蕴、景观形象、产业结构和功能特征的总和，一旦拆毁或建设，城镇就会失去特色，变成“千城一面”的东西①。

四、决定沙湾定位的关键元素

沙湾的特色需要自己寻找，沙湾的定位更需要自己去厘清和把握，广州市、番禺区的规划并没有细化到这个地步。而正确把握形成沙湾特色的元素和推动沙湾都市化进程的元素，是对沙湾城市建设和产业发展进行准确定位的前提。

（一）形成沙湾特色的元素

沙湾有哪些特色？形成沙湾特色的元素构筑了沙湾的内在特质和外在

① 参见高友清《处处高楼拔地起　中国城市发展出现“特色危机”》，2002 年 9 月 3 日，引自 http://www.southcn.com/news/china/zgkx/200209031044.htm。

形象。笔者认为，形成沙湾特色的元素主要有五个：古、文、聚、美、新。

特色一：古（古镇区＋古庙群＋古音乐）

沙湾镇在番禺乃至广州、广东甚至全国都是具有代表性的一座古镇，沙湾古镇区的“沙湾粤韵”旅游区是番禺新八景之一。

沙湾古镇始建于宋，距今已有800多年历史。现在的古镇区主要包括车陂街区和安宁西街区。车陂街为历史上富户聚居的名街，而安宁西街则是一条典型的岭南珠江三角洲富裕乡村的街市。两条古街中祠堂多达12座，有许多著名古建筑保留至今，如留耕堂、三稔厅、玉虚宫等。

鳌山古庙群位于沙湾镇三善村南面村口，占地557.7平方米，东背鳌山，西向为正门，庙前是辽阔的平田和大洲海，庙群自北而南横列依次是神农古庙、先师古庙、鳌山古庙、报恩祠、潮音阁。

沙湾镇的广东音乐源于宋代，经历宋、元、明、清四朝，历时六百余载。作为广东音乐发源地之一，沙湾镇一直是广东音乐最活跃的地区，更是广东音乐历史遗迹最多的地方，如“大厅”“留春”等遗迹。历史上这里除曾经造就了著名的广东音乐界“何氏三杰”（广东音乐作曲家何柳堂、何与年、何少霞），更出现过何章（花旦章）、何世杞（新马师曾之师傅）、何福年（粤剧八和会馆师爷）、陈鉴（盲鉴）、飞霞（何求）、燕燕等名扬四方的粤剧曲艺前辈和陈燕莺、何干、陈丽英等曲艺红伶。广东音乐“何氏三杰”现存曲目六十余首，包括《赛龙夺锦》《雨打芭蕉》《饿马摇玲》《晚霞似锦》《白头吟》等多首脍炙人口的粤乐。

特色二：文（岭南风情＋ 民间艺术＋清官文化）

体现岭南建筑艺术风格的水磨青砖墙、蚝壳墙、镬耳风火山墙、砖雕、灰塑、壁画等有大面积存留，主要集中在沙湾古镇区和宝墨园、南粤苑。宝墨园位于沙湾镇紫坭村，建于清末民初，面积2000平方米，曾被毁于20世纪50年代。1995年重建，历时十载，扩至10万平方米，融清官文化、岭南园艺、岭南古建筑、珠三角水乡特色、古今艺术精品于一体。宝墨园和新建的南粤苑都是集中体现岭南风情的园林区。

根植于古镇的沙湾飘色、醒狮、雕塑、兰花等传统民间文化艺术长盛不衰。在八百余年的发展过程中，沙湾古镇形成和保留了独具广府乡土韵味的文化，是以珠江三角洲为核心的广府民间文化中的杰出代表，荣膺“中国历史文化名镇”“中国民间艺术之乡”和“中国兰花名镇”等荣誉称号。

紫坭包相府奉祀的是北宋名臣、龙图阁大学士包拯，始建于清代嘉庆年间。宝墨园是包公庙延伸部分，以弘扬包拯清官文化为主题，全园建筑、布局、景点命名无不与清官文化和谐一致。宝墨园里主要体现清官文化的“仰廉治本”，包括治本堂、宝墨堂、龙图馆、清心亭与仰廉桥、宝墨园石匾真迹、鉴清桥。

特色三：聚（珠宝产业园区＋洗染机械集聚区＋旅游景点集中镇）

地处福涌村福龙公路旁的沙湾珠宝产业园（如图2.4所示）是目前中国最大的集珠宝生产、加工、贸易、物流、展览、旅游为一体的珠宝“一站式”综合服务园区。番禺区珠宝首饰加工贸易量占全国的60%，沙湾威乐珠宝园成为番禺区最大的珠宝首饰加工基地，先后被评为中国珠宝玉石首饰特色产业基地、广东省火炬计划特色产业基地、共青团中央青年就业创业见习基地。珠宝园总体规划1000亩，首期开发338亩，占地面积225418平方米；规划有40幢厂房，14幢宿舍，总建筑面积达261880平方米，计划分三期完成。目前已完成25栋厂房、6栋宿舍及1栋办公楼的建设。现在，园区内有持牌单位25家，从业人员1万人，年出口交货值7亿美元，占全镇出口交货值的85%；进口总值4亿美元，占全镇进口总值的90%。具代表性的企业有广州方盈珠宝首饰有限公司、广州市启艺金银珠宝有限公司、广州市番华珠宝有限公司，其中广州方盈珠宝首饰有限公司名列2009年全国对外贸易百强企业。

图2.4　沙湾珠宝产业园

沙湾洗染机械产业集聚发展，并推动沙湾镇成为广东省专业镇标准化示范点试点，沙湾镇联盟标准也已形成“政府＋协会＋企业联盟”的推进模式，在有效推动企业从恶性竞争转为良性合作、共同发展等方面树立了典范，示范性效应突出。沙湾镇于2007年制定了全市首个联盟标准《工业洗衣机》，并于2008年上升为省地方标准，应用实施后直接推动相关产品的监督抽查检验合格率从2007年联盟标准制定前的15.8%，上升到2010年的100%，提升了84.2%，标准出效益、促品牌发展的良好成效得到了显著体现。具有代表性的企业有骏业宏达洗染机械有限公司、同心机器制造有限公司、强业洗染机械设备公司、乐金洗染设备有限公司、艺煌洗染机械设备公司等。

番禺“新八景”，沙湾占其二：宝墨生辉（宝墨园）、沙湾粤韵（沙湾古镇）。此外还有留耕堂、南粤苑、鳌山古庙群、滴水岩森林公园、番禺湖（龙湾涌湿地公园）等著名景点，且有绿道直接连通番禺“新八景”之一的另一著名景点大夫山森林公园。

特色四：美（水源保护区+滴水岩森林公园+古镇）

沙湾既有自然生态的美，又有历史人文的美，是游客所向往的旅游目的地和休闲观光地。

沙湾镇域的西部、南部水域都属于番禺区水源保护区，水清岸绿的美丽生态只会不断加强。根据番府〔2003〕30号文，顺德水道、紫坭河和沙湾水道是番禺区人民生活饮用水水源的重要区域，受到严格保护。根据该文告，水源一级保护区范围包括：沙湾水道区自来水公司沙湾水厂取水口上下游各1000米以内的水域，及其靠沙湾水厂取水口一侧沿岸纵深200米以内的陆域；区自来水公司东涌水厂取水口上下游各1000米以内的水域，及其靠东涌水厂取水口一侧沿岸纵深100米以内的陆域。水质保护目标为Ⅱ类。水源二级保护区范围包括：从沙湾九如围头至石碁大刀沙围头下游1000米的顺德水道、紫坭河和沙湾水道广州市境内除一级保护区外的水域，及其两岸纵深1000米以内的广州市境内陆域和水域。水质保护目标为Ⅲ类。

而在沙湾北部的龙湾峡、南山峡和市桥沥，与市桥、桥南常常发黑散臭的市桥水道相比，则是另一番景观：山清水秀，空气清新，鱼儿畅游，游人乐而忘返。

沙湾镇的地界周边不仅水环绿绕，而且中间有傍山而建的古镇和广州番禺职业技术学院，古镇使沙湾成为中国历史文化名镇，而风景优美的广州番禺职业技术，则为沙湾镇锦上添花。绿水、青山、古镇、美校和森林公园，使沙湾成为名副其实的岭南最美小镇之一。

特色五：新（中心城区南区＋广佛同城化门户＋广州新中轴线前沿）

（1）番禺中心城区南区。2005 年番禺区委、区政府对于番禺中心城区南区的规划是，南区范围包括市桥水道以南，沙湾水道以北，大刀沙以西，西环路以东约 17.15 平方公里的土地。沙湾龙岐村东部的沙园、岐山、洋五洲等自然村和金沙湾社区东部的金沙湾花园、祈福水城、怡景苑、万科金色城品、雅居乐、星辰时代豪庭、博学公馆等都位于中心城区南区。目前，这里是沙湾居住现代化程度最高的区域，大盘云集，商住氛围浓厚，但配套有待完善。

（2）广佛同城化门户。广州南站新城是广佛同城化的核心区域，根据广州中心镇发展规划，沙湾镇是其重要服务区，广州南站新城的构筑对沙湾未来发展影响深远，沙湾镇的服务功能将会加强，新的产业发展元素会不断增加、累积。东新高速、广深城际铁路的建成通车，进一步提升了沙湾在珠三角城市群的中心区位优势。景观大道的近期建设，则会进一步拉近沙湾与广州南站新城、番禺新城及广州老中心城区的距离，也拉近沙湾与佛山中心城区（禅城、桂城、东平新城）的距离。已经成立多年的“南番顺”旅游联盟，是广佛同城化发展的一次实质性合作，旅游资源丰富的沙湾势必会深度融入。

（3）广州新中轴线前沿。广州新中轴线，北上白云，南下海珠，珠江新城是广州“十一五”时期的故事，广州“十二五”时期的故事，则主要在海珠区和番禺区发生，到“十三五”时期，番禺区和南沙区将是广州故事的主角。随着广州新中轴线的南移，沙湾也就一下子被推到了广州新中轴线发展的前沿，广州新中心城区的建设速度必将大大加快，沙湾融入广州新中心城区的趋势也因此日益明显。随着广州新中心城区的加速形成、崛起，沙湾的城市功能地位必将产生一次前所未有的跃升。

（二）推动沙湾向都市化发展的元素

推动沙湾向都市化发展的元素，既有其内在的必然性因素，也有其外在的紧迫性因素。

1. 内在因素：土地、产业和镇中心区定位

（1）土地紧张，但“三旧改造”空间大。

沙湾已经没有可供开发的新增用地，只能依靠“三旧改造”。沙湾土地的再利用和再开发，又受制于水源地保护、农用地保护、公益林保护、文物保护和古镇区保护等的用地限制，从而使得沙湾上新项目的可能性受到极大制约。土地资源紧张的现实，堵死了沙湾再走大开发大发展的村村工业化之路。土地资源越稀缺，土地价值就越宝贵，对每一块土地的开发利用，就必须斤斤计较、精打细算，确保土地产出向高增值发展。提高土地产出效率的唯一路径，就是向都市化发展，在都市化进程中，用都市化产业提升土地价值，彻底改变土地产出效率低下的问题。从沙湾土地使用现状看，早期村村工业化的遗留问题十分突出，“三旧改造”前景广阔。

龙岐村：岐头工业区，西环路西侧。现拟改造为青萝天地（青萝园）（如图2.5所示），占地面积90749平方米，总建筑面积133800平方米。该项目规划以沙湾镇历史文化、民俗风情特色为依托，打造以独特的园林、历史建筑为基础，将自然与时尚、历史与现代相融合，最终形成一个以现代岭南建筑风格为主题的集旅游、购物、特色餐饮、娱乐、民间艺术、教育培训为一体的综合型休闲区。一期建筑面积2万多平方米。

图2.5　青萝天地规划

沙坑村：沙坑工业区，市良路南侧、沙湾大道东侧，沙湾体育中心北部。

沙湾南村：金寺围工业区，市良路南侧，大巷涌路东侧，番禺自来水公司北部。

沙湾西村：沙西工业区，市良路北，景观大道东侧，沙湾西村西部。

沙湾北村：沙北工业区，沙西工业区北部，景观大道东侧，紧邻沙湾敬老中心、留耕堂和象贤中学。

福涌村：福龙工业区、福涌工业区和威乐珠宝产业园。福龙工业区在青萝路北、沙渡公路西、威乐珠宝产业园东、福涌村委和福龙路南，主要企业有福隆五金电业（番禺）有限公司、佳口多力食品有限公司和广州港陆电子科技有限公司。福涌工业区在福龙路北，并隔福龙路，与威乐珠宝产业园（福龙路南侧）相连，景观大道东，市桥沥南。福涌村是沙湾镇工业最为集中的区域。福涌村现有企业172间，商铺60间，主要的骨干企业有太平洋饼业公司、威乐办公用品公司、骏兴纸品厂和福兴制衣厂等。

龙湾村：龙湾工业区，紫坭大桥北桥脚，紫坭河北、龙湾峡东、市良路和东新高速西侧，隔紫坭河与宝墨园相望。

古坝东村：古东工业区，龙湾峡和东新高速西侧，古龙路东侧，武广铁路动车检修基地南，象骏中学以北。

古坝西村：大围工业区，古龙路东西两侧，顺德（沙湾）碧桂园东部，武广铁路动车检修基地西部。

紫坭村和三善村：紫坭三善工业区，三善大桥北桥角，市良路东南侧，顺德水道以北，隔顺德水道与顺德区相望。

总体来看，沙湾镇“三旧改造”（旧厂房、旧村庄和旧城镇）可用土地面积14143.2亩（其中旧村庄4444.6亩，约占31.43%；旧城镇1927.6亩，13.63%；旧厂房7771亩，54.95%，见图2.6）。其中一半多一点为合法用地，面积为7398亩（其中旧村庄3421.2亩，约占46.24%；旧城镇1517.3亩，约占20.51%；旧厂房2459.5亩，约占33.25%）。如图2.7所示。

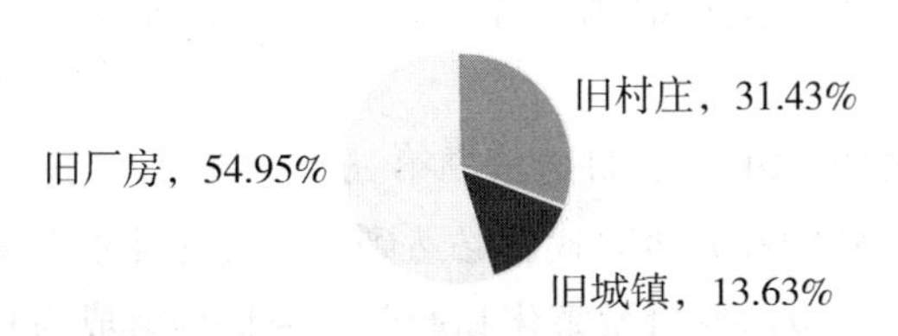

图2.6　沙湾镇可用土地面积

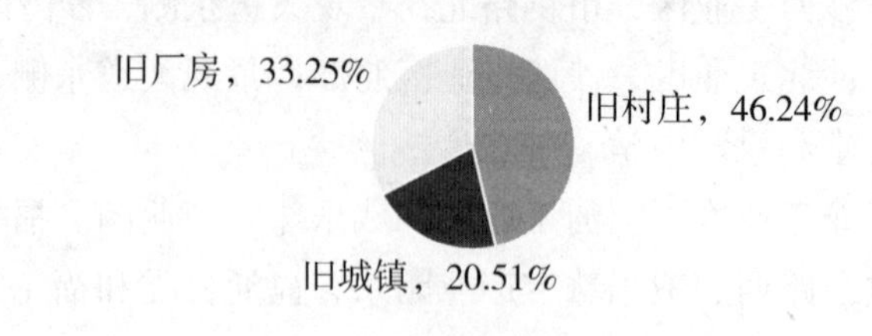

图 2. 7　沙湾镇合法用地面积

从图 2. 6 可以看出，沙湾“三旧改造”用地面积，旧厂房占了一半以上，反映出沙湾工业化发展特点明显；从图 2. 7 可以看得很明显，沙湾因受土地使用用途的政策法规等限制，“三旧改造”的合法用地，旧厂房仅占 1/3，旧厂房和旧城镇却占了 2/3，尤其是旧村庄，占了将近一半，同时也反映出沙湾城市化发展严重滞后于工业化发展。

沙湾镇旧厂房可用的较大地块主要有紫坭糖厂 456. 8 亩（全部为合法用地）、福涌村福龙工业区 301. 9 亩（全部为合法用地面积）、龙岐渡头村地块两处旧厂房 262 亩（全部为合法用地面积）、沙湾南村金寺围工业区两处旧厂房 202 亩（全部为合法用地）、古坝西村大围工业区 171. 3 亩（全部为合法用地）、沙湾西村市良路北侧的青峰工业区（广深城际铁路与景观大道之间）166. 3 亩（全为合法用地）、滴水岩森林公园南部、市良路两侧、广深铁路西侧的凤山水泥厂 149. 1 亩（合法用地面积 131. 2 亩）；此外还有：古东村旧工业区 446. 8 亩（合法用地仅 90. 1 亩）、福涌村珠宝产业园北面的福涌工业区 431. 5 亩（其中合法用地只有 68. 6 亩）、三善旧工业区 218. 1 亩（但合法用地面积为零）、龙湾村市良路边工业区 163. 9 亩（合法用地面积仅 8. 4 亩）、龙湾村紫坭桥侧旧工业区的 4 处旧厂房 192. 4 亩（合法用地面积仅 24. 3 亩）。

（2）GDP（本地生产总值）增长靠三产、就业却靠二产，必须走新的产业之路。

当一个城镇的 GDP 增长日益依靠第三产业发展，“退二进三”或“优二进三”的产业转型和升级时代就必然到来，工业化引擎被服务化引擎所代替，农村工业化迈向农村城镇化和产业服务化也就成为必然。

沙湾镇的产业结构，其三大产业产值比例，2006 年为 8 : 60 : 32，尽管 2007 年沙湾镇原为中心城区南区的主体部分被划归桥南街，但 2007 年沙湾镇的三大产业产值比例已变为 8 : 52 : 40，而到了 2010 年又进一步变为6∶37∶57，第三产业主导和决定沙湾镇经济增长的态势不仅已经形成，而且不可逆转。

不过，从沙湾镇三大产业就业比例看，则很难说第三产业能够代替第二产业主导沙湾就业人口的增长。从沙湾三大产业就业比例看，2007 年为3.82∶65.72∶30.46，2010 年为3.73∶65.22∶31.05，沙湾镇从业人员仍主要依赖第二产业，工业就业的情况并无实质性变化。

沙湾镇 GDP 增长依靠第三产业而就业却依赖第二产业，这就是沙湾镇产业发展和经济增长的现实，沙湾镇第三产业由 2007 年的 10.15 亿快速跃升到 2010 年的 27.35 亿，而第二产业仅由 2007 年的 13.21 亿提高到 2010 年的 18.13 亿，工业总产值更由 2007 年的 58.99 亿降到 2010 年的 56.19 亿。

沙湾镇产业人口，2007 年为 76278 人，到 2010 年仅增加 3754 人，为 80032 人；沙湾镇总人口，2007 年为 97486 人，到 2010 年也仅增加 5136 人，为 102622 人。沙湾产业人口和总人口的低增长，反映其经济增长和产业发展并没有起到聚集人气、吸引人才的关键作用。

总之，沙湾目前 GDP 增长要靠三产、就业却靠二产，人口集聚能力弱，既缺少产业人口和人气，更缺少转型发展所需的批量人才。沙湾三产的崛起，主要是由近几年居住型房地产开发和交易所带动，居住型房地产虽然短期内推动了沙湾三产的快速发展，但缺乏后劲。沙湾住宅型房地产业主要消耗的是沙湾最缺乏的土地资源，但可持续发展的第三产业并没有取得真正的进步和突破。

基于沙湾经济和产业的现状，产业转型升级对于沙湾，不仅仅是呼应上级政府的要求，更重要的是出于自身的需求。而沙湾产业转型升级，既不能走 20 世纪 90 年代村村工业化的老路，也不能走近几年的住宅房地产大发展的旧路，而必须杀出一条新的血路，这条希望之路只能依靠都市化产业来推进和发展。

（3）沙湾镇中心区的打造滞后，定位模糊。

在《广州市番禺区城镇发展“十一五”规划》里，番禺中心城区达 91 平方公里详见表 2.2。

表2.2　番禺中心城区构成及定位

	土地面积（平方公里）	容纳人口（万人）	定位	范围
东区	9.8	11	番禺中心城区的东组团，高品位居住片区	由东环路、富怡路、南部快速干线和市桥河所围合成的区域
南区	17.24	14	番禺中心城区的南组团，高质量城市居住生活区	市桥水道以南，沙湾水道以北，大刀沙以西，西环路以东
西区	21.2	7	现代化、山水型的新城区	南至市桥水道，东至西环路，西至市桥水道（番禺区界），北至金山大道
北区	21.7	16.5	北部商贸中心，高新科技产业园区、高尚居住区	南至东环路、富怡路，东至南部干线，西至市广路，北至金山大道
中区	10.4	14	番禺区的政治、经济、文化中心，是以居住、商业为主体功能的中心区	南至市桥水道，东、北至东环路，西至西环路所围合成的区域
沙湾	10.66	*	沙湾镇行政、文体、商业中心，现代新型工业园与山水生态住区	南至沙湾水道，东至西环路与南区相接，北至市桥水道，西至景观大道所围合成的区域

*注：据《广州市番禺区城镇发展“十一五”规划》编制，该规划没有提到沙湾镇中心区可容纳人口。

沙湾镇中心区虽被定位为番禺中心城区的重要组成部分之一，但仅是沙湾镇的行政、文体、商业中心，现代新型工业园与山水生态住区。与以桥南街为主角的中心城区南区相比，沙湾发展明显滞后。

2. 外在因素：周边新城蜂起、桥南街更是快速崛起

从广州南拓到沙湾周边的新城蜂起（番禺新城、广州南站新城、大学城、亚运城等）再到广州新中轴线的打造，沙湾既感受到了空前的发展机遇，但也感到了被广州和番禺新一轮城市扩张和产业发展越抛越远的一丝无奈和寂寞。

与沙湾既有互动协作又有竞争关系的桥南街，是促动沙湾镇发展最重要的因素。作为传统老城区的市桥街，其社会消费品零售总额已越过百亿大关，而沙湾镇约为 20 亿，只占 1/5。据初步统计，2010 年，桥南街批发零售业销售总额 73576 万元，同比增长 39.5%；餐饮业营业总额 16004 万元，同比增长 21.4%；2010 年，桥南街第三产业项目就有 1097 户开业，其中商业 871 户，上规模餐饮 86 户，居民服务 140 户。2015 年、2016 年，桥南街限额以上商业销售总额分别为 60.79 亿元、64.85 亿元，沙湾镇分别只有 25.1 亿元、27.3 亿元。桥南商贸发展神速，正日益成为番禺商业不可忽视的力量，估计今后足以与市桥街平起平坐。番禺新老城区商贸、餐饮和娱乐业优势的形成和强化，沙湾本地消费购买力势必加速向市桥街和桥南街流动，沙湾所受压力陡增。

桥南街的快速崛起，首先得益于其区位优势，因而定位清晰：番禺中心城区的南组团，城市文化与商业中心，具有南国水乡特色的高质量城市居住生活区。

桥南街在此城市功能的定位下，依托良好的区位优势和南区发展规划，制定了“调一优二促三”的经济发展策略，积极实施“一村一策”，推动村级经济发展，以都市观光农业带动草河村发展，以特色商业推动南郊村发展，以现代服务业引领陈涌村、蚬涌村发展，使农村经济社会实现整体发展。2010 年以来，桥南街加大“三旧改造”工作力度，制订了 66 个“三旧”改造项目规划上报区政府。

在产业成片发展规划上，桥南街大胆划定并大力推进东南西北中五大特色服务园区。北部：桥南路商业圈；西部：文化购物公园，由中颐集团投资 1 亿多元打造；中部：市良路商业圈，包括投资 7000 万元的华盈商贸城和引资 5000 万元的市良路北商业街；东部：健康产业带，包括草河村岭南都市绿洲现代农业园、番禺大道侧聚英新天地；南部：体育产业园，计划利用沙湾水道饮用水源保护区严控带和改造陈涌村工业区，打造以体育产业为主的特色商业新区。五大特色园区的形成将为桥南的发展带来无限活力，为区委区政府重点打造的市桥、桥南商贸中心发展提速给力。

在发展中，桥南街还注重抓错位发展，突出特色。在桥南路商业圈、奥园广场主要以金融服务和国际品牌商业为主，引进百货业时尽量避免与现有的百货零售业产生恶性竞争，引进走高端路线的华润万家广州第一旗舰店，与以大众化消费为主的大润发超市实现错位经营。喜盈嘉立思商业街，以饮食休闲服务为特色；哈街商业步行街则以潮流时尚用品为主打，着力打造成以“70”后、“80”后为主的中青年潮流消费风向标。错位发展的思路让商业项目均得到了发展空间，同时也增加了商业的多样性，促进了共同繁荣，从而有效带动了桥南商贸的整体发展。

对照桥南街，沙湾应该何处去？番禺91平方公里的新中心城区规划中并非没有沙湾的位置，10.66平方公里的沙湾镇中心区是被纳入其中的，西环路东侧的沙湾片区更是直接被纳入中心城区南区的，关键在于沙湾应如何进一步明晰自己的城市功能和产业定位，以引导沙湾今后的新发展和再跨越，争取不掉队，迎头赶上，勇立潮头。

第二节　沙湾镇定位及重构的再思考

沙湾镇如果停留于现状，不再思考沙湾镇在新形势下的城镇功能及产业定位，沙湾镇依然会发展和进步，但是很被动，难免被边缘化。

一、对沙湾镇总体功能结构的再认识：“一山一岛两镇两新城”

根据沙湾镇目前的认识，沙湾镇总体功能结构为“两区三片”。两区为镇中心区（青萝路以南）和福龙区（青萝路以北）；三片为古龙片（龙湾、新洲、古坝东和古坝西）、滴水岩片和紫坭片。

据我们的分析研究，沙湾总体功能结构宜确定为“一山一岛两镇两新城”，镇中心区不宜按照青萝路分成南北两块，而应作为一个整体，以“心”代“区”，主要是为突出强调其为番禺中心城区的一个不可分割的重要组成部分（如图2.8所示）。“一岛”主要强调紫坭和三善四面被水所环绕的特殊地理形貌，也突出其独特性（具有丰富的历史文化资源和农业生态资源），与番禺区规划的“一村四岛”[①] 相一致。由于草河村、大

---

① 番禺区“一村四岛”分别指桥南街的草河村、沙湾镇的紫坭岛、石碁镇的大刀沙、石楼镇的观龙岛和海鸥岛。

刀沙、观龙岛和海鸥岛几乎连成一线，紫坭岛则远在番禺西南角上，与顺德伦教街道隔江相望，因此更需要在沙湾镇旅游发展格局里考虑，很难与那“一村三岛”统筹规划，只能遥相呼应。

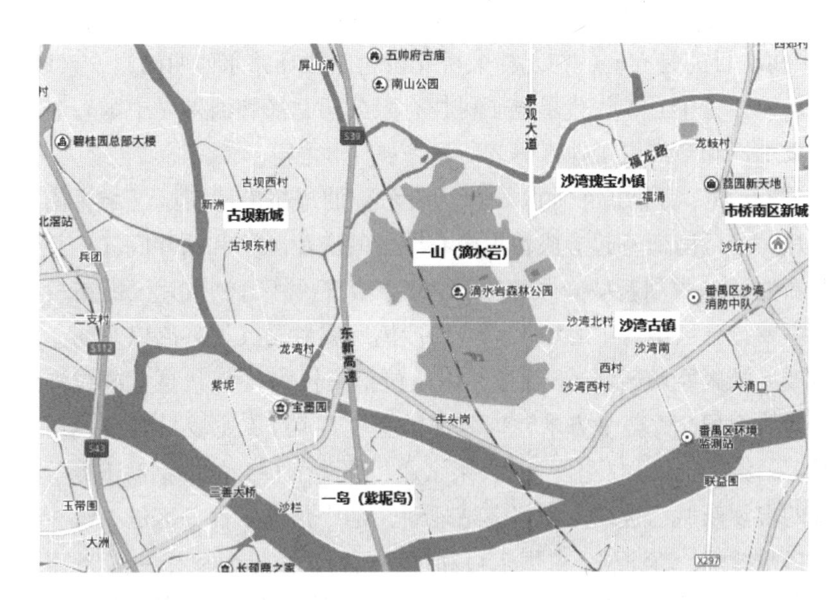

图 2.8　沙湾镇“一山一岛两镇两新城”的空间体系

“一山”指滴水岩森林公园区域。南至沙湾水道，北到南山峡及市桥水道，东至景观大道，西到东新高速。目前主要分布有滴水岩森林公园、广州番禺职业技术学院、凤山水泥厂、番禺区公安基地、番禺区收容遣送站、番禺区救助管理站、番禺区国防教育训练基地、沙西工业区、青峰工业区、交警七中队、沙湾水道联合监察队和市良路沿线的一些洗染机械企业等。

“一岛”指紫坭岛，主要包括三善村（2.5 平方公里）和紫坭村（2.66 平方公里），总占地面积 5.16 平方公里。三善鳌山古庙群被列入广东省文物保护单位，紫坭宝墨园、南粤苑是番禺十大旅游名片之一和番禺“新八景”之一，此外还有 1953 年建成投产、占地面积达 456.8 亩的紫坭糖厂，并于 2011 年年初被列入广东省第三次全国文物普查“百大新发现”名单（广州市仅有 9 个文物点入围）。

“两镇”指位于沙湾镇中心区的沙湾古镇（国家 AAAA 级旅游景区）和广州瑰宝小镇（国家第二批特色小镇），包括沙湾镇中心区南至沙湾水道、北到市桥水道、东至西环路、西到景观大道所围合的区域（10.66 平方公里）。青萝路与市良路之间是其中部，目前主要有古镇区、沙湾镇镇政府、象贤中学、中华大道商业街和沙湾城镇居民集中居住地；青萝路以北主要有福龙工业区、福涌工业区、威乐珠宝产业园和龙岐工业区及青萝天地；市良路以南、沙湾水道以北主要有区（镇）自来水厂、旧钢铁市场（其中两块目前是空地，在北斗大桥北桥角、西环路东西两侧）、金沙丽水花园、镇体育中心、代代星电子科技有限公司、箭牌糖果（中国）有限公司番禺工厂和金寺围工业区等。

“两新城”分别指东片区（西环路东）的市桥南区新城（与桥南街连成一片，与桥南街一起形成番禺中心城区的南片区）和西片区（古坝、龙湾及新洲）的古坝新城（紧邻顺德碧桂园大型社区）。东片区的市桥南区新城主要指已被纳入中心城区南区的沙湾所属村居（西环路以东的龙岐村和金沙湾社区所属区域）。可开发用地包括三桥脚（现状是龙岐村渔港地块，地块面积95597平方米，拟建龙岐盛汇广场）、龙岐村村级规划用地（雅居乐楼盘与龙岐村之间）、大莱木业、北斗大桥旁的旧钢铁市场等。西片区的古坝新城已被纳入广州南站规划，是广州南站商务区的一部分，主要包括龙湾村、新洲村、古坝东村和古坝西村，土地面积计有9.06平方公里，南至沙湾水道（陈村水道或紫坭河）、北到番禺与顺德的区界、东至东新高速、西到番禺与顺德的区界，目前主要分布有武广铁路动车检修基地、龙湾工业区、古东工业区、大围工业区、龙湾涌湿地公园和象骏中学等。

西片区的古坝、新洲和龙湾虽已纳入广州南站规划，而且武广铁路动车检修基地也已经占用了东侧靠近东新高速的一片土地，但该区域大部分土地是旧厂房和旧村庄，急需改造，是目前沙湾镇最需要加快推进新型城镇化和新市镇建设的区域。其位置也得天独厚，属于广州南站商务区，是广佛都市圈合作的前沿，邻近大型社区顺德碧桂园、AAAAA级景区宝墨园和广州番禺职业技术学院，是龙湾涌湿地公园的核心区。但该区域距离现有各中心城区（广州、番禺、佛山、顺德），甚至与沙湾镇中心区及顺德伦教街道中心区和北滘中心区都相对较远，迫切需要一个新型市镇或新城，为该区域的各大型社区、著名旅游点和院校师生及文创企业、动车检修企业等提供都市化的服务。西片区的现状，可参考下面的分片详图（如图2.9所示），最上面的一幅是古坝片区的最北边，最下面的一幅是古坝片区的最南面。由于古坝片区东部被东新高速和广深港客运铁路线隔断，北面、西面和南面又主要与顺德接壤，形成了相对独立的一个发展区域。

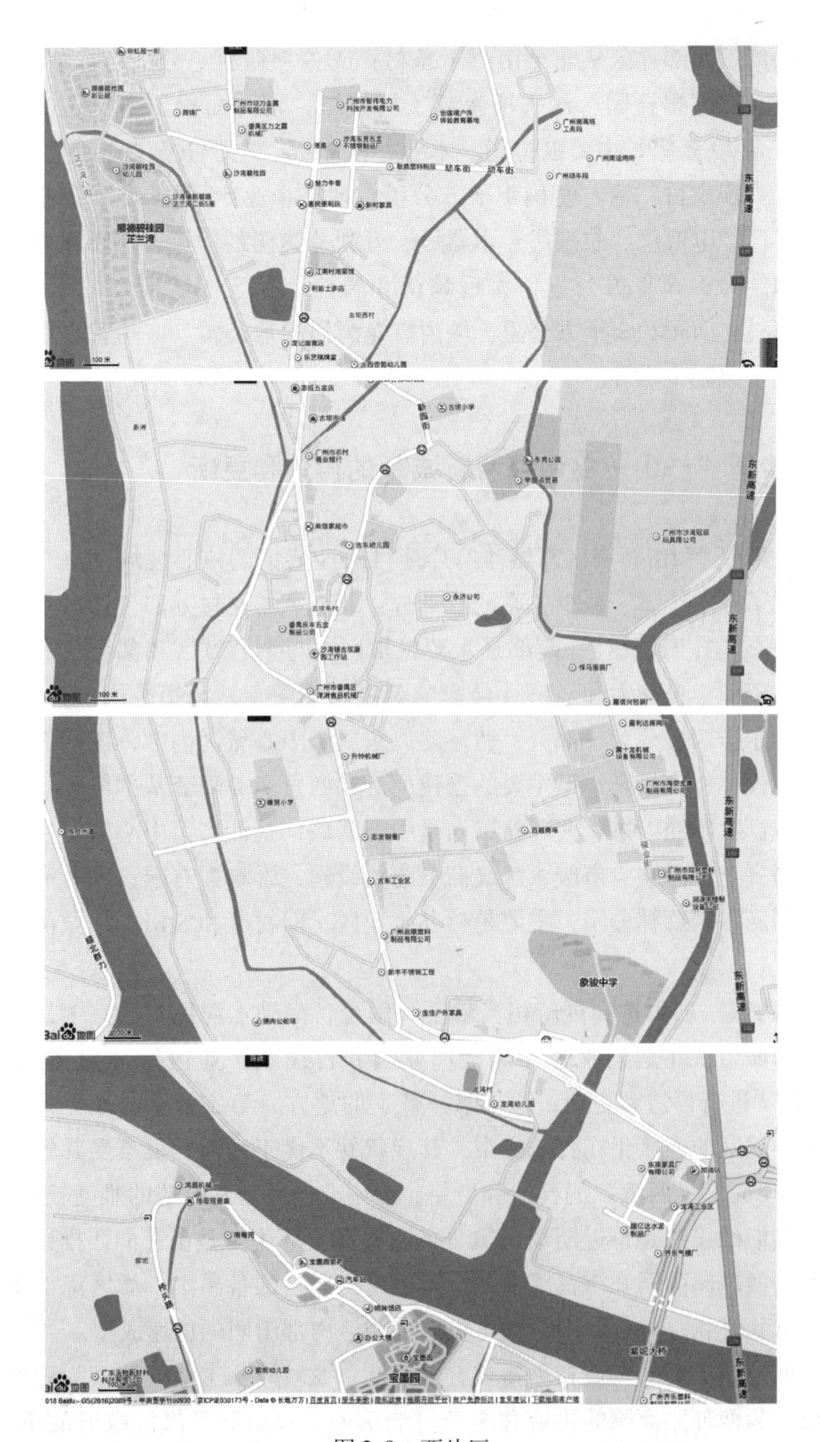

图 2.9　西片区

沙湾镇西部片区从北至南有 4 条村：①古坝西村。分别与古坝东村、新洲村、顺德碧桂园、沙头街南双玉村接壤，辖内面积 1.42 平方公里，现有厂企 40 多家，主要以树脂、木业、电路板、电子五金制造等工业为主。②古坝东村。辖内面积 4 平方公里，现有企业 56 间，骨干企业有长彩塑料厂、电镀厂、农副厂、木器厂、万利金属切割厂等。③新洲村。占地面积约为 1.6 平方公里，靠近顺德和碧桂园及宝墨园所在的紫坭岛。④龙湾村。面积约 2 平方公里，辖内有龙湾涌湿地公园、广州番禺职业技术学院、象骏中学等。

二、沙湾“一山一岛两镇两新城”的再造和更新

“两镇”和市桥南区新城沙湾片是目前沙湾镇的核心区域，从北至南被分成了互不统属、缺少关联的三部分：北部主要是村办旧工业区，中部是镇中心区（旧城镇），南部是水源保护区，与中心城区和都会区的距离很远，资源集聚能力和经济社会影响等主要局限于沙湾镇范围。“一心”区域由东至西也分为三部分，西环路以东属于中心城区南区，该区大盘云集，现代化程度最高，但主要的公建配套和商贸商务配套基本依赖于桥南街区域；大巷涌以东、西环路以西是中部区域，是沙湾镇中心区，社会配套较为齐全，但缺少市级、区级商务商贸设施，影响力有限；大巷涌以西一直到滴水岩森林公园，主要是村办工业区、旧村庄和农田等，城市化程度很低。

“两镇”的再造和更新相当棘手和困难，南是水源保护区，中是古镇区和旧城镇，北是工业区（珠宝产业园和村级就工业区）。向北向南对“一心”进行再造和更新，这是第一棘手的地方。第二棘手的地方是，番禺中心城区的西区正在打造之中，其现状并不优于沙湾，很难受其辐射和带动。所以，“两镇”的再造和更新，沿南北向更新和改造的难度较大。

我们的思路是，近期“两镇”的再造和更新主要是由东向西推进，重点打造西环路商圈和市良路商圈，与桥南街所在的番禺中心城区南部组团的高歌猛进相呼应，共同策动番禺中心城区南部组团的加速成型。

西环路商圈的再造和更新具有现实性。龙岐岐头工业区转型为青萝天地已经为西环路商圈的再造和更新打响头炮，也引起番禺区政府的重视。《2011 年番禺区政府工作报告》提出：“注重产业招商与‘三旧’改造的

结合，大力推进青萝天地、陈涌工业园等16个工业园的改造，千方百计保障战略性新兴产业用地。”除此之外，西环路一带还有众多空置地块正蓄势待开发，一是市桥三桥南桥角西环路东侧、花样年华三期西侧，二是万科金色城品西侧的大莱木业旧厂区，三是北斗大桥北桥角西环路两侧和市良路南部的两块旧钢铁市场空置地。通过新的产业招商与新兴产业项目的开发，西环路商圈的崛起指日可待。桥南街除重点打造桥南路商圈外，也正大力开发市良路商圈，但桥南街重点打造的是市良路东部商圈，而市良路中西部商圈在沙湾。前述西环路商圈的所在（金沙湾花园四期、五期，大莱木业旧厂区，北斗大桥南桥角的两块地）也同样属于市良路商圈，再加上市良路与沙湾大道接合部、市良路与大巷涌路接合部，市良路西部的沙西旧工业区、青峰工业区、凤山水泥厂等，这一系列的“三旧”改造新项目区，也必然加速市良路中西部商圈在沙湾的形成。

从商圈性质看，西环路商圈和市良路商圈因为属于番禺中心城区的重要商圈，而不是沙湾镇的社区型商圈，其资源集聚和辐射带动范围都应是全区性的，且对完善、提升和补充广州都会区南部区域、广佛同城化门户地带具有重要意义，因此其产业定位不能局限于为沙湾服务，而是为整个番禺区、为广州都会区南部区域和广佛同城化门户区域服务。

沙湾镇与桥南街共同策动番禺中心城区南部组团加速成型，这只是沙湾镇的第一步，沙湾镇最终要确立的是番禺中心城区沙湾组团的形成。所以，沙湾必须有第二步、第三步等后续步骤的策略。

东西向的中华大道和南北向的沙湾大道，目前主要是社区型商圈，其商贸业态和公建配套主要为沙湾镇区域服务，影响力、辐射力和集聚力有限，与西环路商圈和市良路商圈比较，地域局限性明显。然而，随着西环路商圈和市良路商圈的崛起，中华大道商圈和沙湾大道商圈可能被融入这两大商圈，从而成为这两大商圈的重要组成部分，有必要在适当时机进行提升、更新和再造。但这毕竟是第二步的，目前宜不动、少动为主要原则，但必须为将来的变化做好前期研究和准备。

大巷涌路穿越市良路，南达沙湾水道［区（镇）自来水厂］，北至沙湾古镇区，现状是旧镇区的一条老街，店铺林立，但业态繁杂，缺少主题。我们认为，大巷涌路应成为一条延展古镇区历史文脉的街区，使古镇特色和文化沿着大巷涌路一直延伸至沙湾水道滨水区。沙湾水道南岸、区（镇）自来水厂之间拟建的滨水公园及连接公园与古镇区的大巷涌路街区，应与古镇区相统一，公园拟建为岭南文化古镇公园，强调体现岭南文化古镇风采，使具有代表性的主要岭南文化古镇、古村的特色能在这里得到集中体现，而不是龙狮公园。大巷涌路街区拟改建为岭南文化风情街和文化街。古镇区—文化街—古镇公园—沙湾水道，通过连点成线，实现古镇旅游区的扩展、提升。

古镇区与滴水岩森林公园（以及拟建的龙湾涌—滴水岩湿地公园），近在咫尺却又遥不可及，只有一条弯弯曲曲的小道相互连通，要从外面进入滴水岩森林公园东门，只有从青萝路和福北路曲折绕入，无法实现古镇区与滴水岩公园的连接。从10.66平方公里的沙湾镇中心区看，沙湾缺乏公共活动空间，只有社区性公园和农村公园，而拟建的龙狮公园（我们建议是古镇公园）又远在沙湾南端，中心地带缺少可供休闲的中央公园。我们认为，必须通过中央公园的建设实现三个目标：一是提供番禺中心城区和广州都会区南部居民在沙湾的公共活动空间；二是古镇区—中央公园—滴水岩公园能连成一线；三是将滴水岩森林公园融入城中，使之成为依山傍水、古色古香之城。因此，在古镇区与滴水岩森林公园东门广场之间，拟建一个大型中央公园，以实现上述三个目的，此公园可定名为中央生活公园。通过连点成线，以古镇区为核心，构筑古镇区—中央生活公园—滴水岩森林公园—湿地公园与古镇区—文化街—龙狮公园—沙湾水道两个重点旅游区域，“岭南文化古镇、番禺旅游新城”的构架也就呼之欲出。

景观大道早已规划，已经建设了一段（初步打通了禺山大道西和福龙路这一段，自大夫山可以经过景观大桥到达沙湾镇腹地），这将是继西环路商圈和市良路商圈之后，沙湾镇得以重点开发建设的另一重要商圈——景观大道商圈，它将实现与广州南站新城、番禺新城、番禺中心城区西区的直接连通，我们提出的商圈建设由东向西推进，也将能得到进一步扩展。在此基础之上，沙湾镇中心区北部东西走向的青萝路和福龙路，则会形成两个次级商圈，与中华大道一起成为镇中心区域的三个重要次级商圈。

“一岛”的开发建设，以打造番禺旅游岛和南番顺旅游合作示范区为主题，立足于水源保护区、宝墨园、南粤苑、鳌山古庙群、紫坭糖厂、都市农业等资源，统一规划，进一步提升其旅游、休闲、观光及相关服务等功能，为岭南文化古镇、番禺旅游新城和南广州RBD（Recreational Business District，旅游商业区）的建设增添又一重要砝码。

"一山区域"（滴水岩片区），南部处在市良路商圈，北部正建设湿地公园，东部是景观大道商圈和沙湾镇中心区，西部则是紫坭岛和古坝片区（古坝新城）。滴水岩片区本身属于生态保育区、文化游憩区和生态休闲区，应以湿地、森林、水面拓展为主，形成一系列以自然风光为主题的游览区域，大力构建"城在山林中、山林在城中"的景观，使得景区与城区融为一体。加快建设环山绿道，沿环山绿道骑行，既可无障碍地到达滨水区（沙湾水道和市桥水道），也可无障碍地到达中心城区及古镇旅游区域，还可通达番禺旅游岛及大夫山森林公园，形成番禺乃至广州绿道建设的标志性区域，也可彻底实现沙湾旅游景点连点成线的建设思路。

西片的古坝片区基本上都已经被纳入广州南站地区控制性详细规划之中，南站地区整体规划范围为 36.1 平方公里，北至滨河路和东新高速公路交接处，南至沙湾象骏中学，西起陈村水道，东至新 105 国道。如图 2.10 所示。

广州南站地区控制性详细规划中的古坝片区，仍主要是对古坝片区现状的一种描述，缺少明确的定位和发展思路。基于古坝片区现状和旧工业区破旧散乱、附加值低的现实，以及对其区位优势和局限的前述分析，认为拟打造沙湾镇西部的古坝新城，同时突出其观光、旅游、体验、休闲功能，实现城乡融合，从而服务于这片相对独立的广佛都市圈的一个特殊节点区域。

三、产业选择：产业链招商和"三旧"改造

依据整体性、都市化和特色化原则，围绕打造依山傍水、古色古香的番禺中心城区沙湾组团的总目标，将沙湾最终建设为岭南文化古镇、番禺旅游新城、南广州 RBD，并进一步强化沙湾镇"古文聚美新"的特色，沙湾的产业选择应是通过产业链招商和"三旧"改造，优一强二扩三，即优化第一产业，做强第二产业，大力扩展第三产业。核心思路是第一产业、第二产业走都市化、服务化、集群化、园区化之路，推进第一、二产业向服务业进军，以农业服务化和制造业服务化的思路，既做优做强第一、第二产业，又能推进第三产业发展；而第三产业的扩展，除了优势农业、制造业向服务化拓展外，更要通过新的标志性第三产业项目，为沙湾第三产业突飞猛进输送新鲜血液。总之，沙湾镇在新时期的主导产业应是

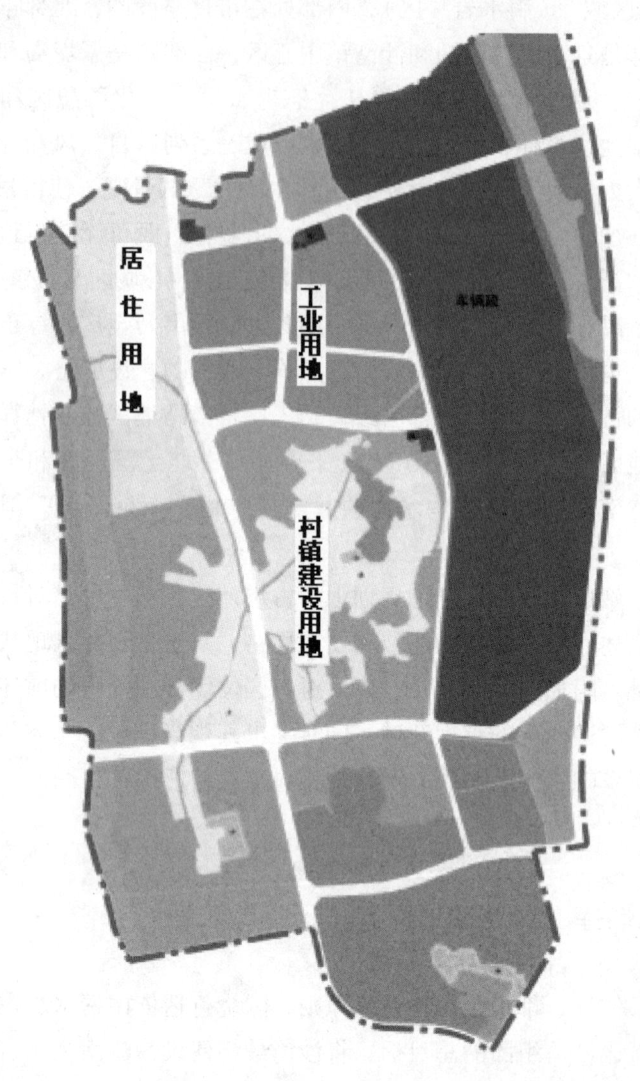

图 2.10　南站控规中的古坝片区

第三产业，而不是第一产业和第二产业，突出其城市产业的服务功能，从而增强其资源集聚能力和对内对外的产业辐射带动能力。

在具体产业选择方面，沙湾围绕其特色和定位，第三产业发展重点是旅游产业、休闲产业、文化产业和房地产业，第二产业发展重点是珠宝首饰和洗染机械，第一产业重点是花卉、时鲜蔬菜的种植、水产养殖和奶牛饲养。因此，沙湾的产业链招商就应主要围绕这些产业进行，并努力提高产业链的综合效益，通过产业联动，实现产业互补。

例如，通过旅游产业链招商，打造沙湾组团旅游综合体：启动星级酒店招商，增加6～8家旅游接待型、会务型或商务型的星级以上酒店，完善配套服务功能，提升沙湾组团综合接待能力；抓好景区周边观光农业和产业带建设，形成一批特色明显的农庄或农家乐；引导、扶持特色旅游商品龙头企业，开发多种特色旅游商品，等等。

再如，珠宝首饰产业链，应形成原材料采购，珠宝首饰加工、交易、设计、鉴定、信息交流、物流、展览、金融结算、检验、报关以及珠宝首饰加工机械、珠宝包装等各环节相配套的完整工业产业。围绕这个工业产业链的完善，最终要形成第二、第三产业的互动。也就是说，还要配套有职业教育、休闲旅游、购物、餐饮、居住等产业，从而形成现代工业生态城。

四、沙湾镇的城镇功能和产业的总体定位

总括上述研究，我们认为沙湾镇的城镇功能和产业定位应在以下9个方面取得突破：

（1）确立一个目标：番禺中心城区沙湾组团（广佛接合部的古坝新城、番禺中心城区的市桥南区新城）。

（2）明确一个定位：岭南文化古镇、番禺旅游新城、南广州RBD。

（3）构筑一个框架：“一山一岛两镇两新城”。

（4）主推一个战略：“造城”。合力打造市桥南区新城，重点打造古坝新城。

（5）建设一个城标：建设一条环山滨水的圈层形状的绿道，将各旅游景点和古镇、特色瑰宝小镇及新城连点成线，使其成为番禺旅游新城、南广州RBD的城标。

（6）突出两个重点：产业链招商和“三旧”改造。

（7）形成三个思路：一是商圈建设由东向西推进；二是旅游新城建设连点成线、连线成面、连面成体，打造立体化的沙湾旅游新城；三是产业建设要走都市化、服务化、集群化、园区化之路。

（8）实现四个融合：组团融合、城乡融合、景城融合、产城融合。

（9）强化五个特色：古、文、聚、美、新。

如果仔细思考一下《番禺区沙湾镇旅游发展总体规划》，会发现一些问题需要解决。

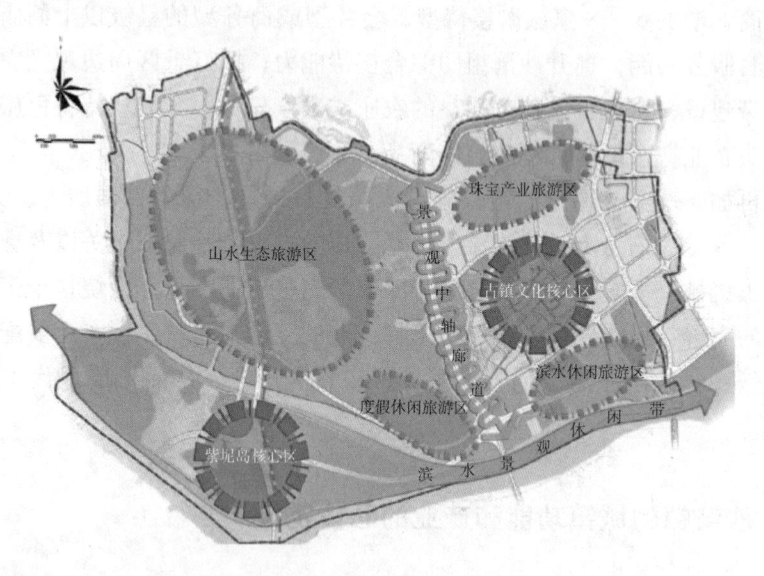

图 2.11　番禺区沙湾镇旅游空间结构①

从图 2.11 可以看出，仅从旅游角度分析，对沙湾镇的发展重点难免会出现误区。旅游核心区，首先是保护，然后才是开发。“双核”只是描述旅游特色资源的集中点和凝聚区域，看不见沙湾镇的城镇化发展和产业升级，关键在于“造城”：一是利用邻近中心城区优势，打造市桥南区新城沙湾片；二是利用相对独立、弥补空缺的广佛接合部优势，重点规划建设今后沙湾镇的城镇建设和产业发展的一个新兴区域——古坝新城，充分利用“三旧改造”政策、广州南站商务区建设、广佛都市圈合作区域、大型社区的刚需和 AAAA 级景区所需配套及番禺全域旅游示范区定位等优势，让沙湾镇摆脱现有模式和框架的束缚，走出一条全新道路。旅游之于沙湾镇、旅游之于番禺区、旅游之于广州市，无疑是十分重要的，但旅游业的可持续发展，必须与城镇化推进和产业的发展升级结合在一起，才有可能。“一带一廊四分区”也对旅游资源的全镇大致分布做了描述，但其与产业发展和城镇化建设是一种怎样的关系却看不出来。当然，这仅是旅

① 引自《番禺区沙湾镇旅游发展总体规划》。

游规划，有这些局限似乎也是必然。不过，只有放在城镇化推进和产业升级发展的框架里，旅游业的发展和推进思路才能真正明晰。

在沙湾"一山一岛两镇两新城"规划中，其中的"一山一镇一新城"，即滴水岩森林公园、沙湾古镇和市桥南区新城，自主发展空间小，主要是在市区统一规划、部署下进行开发和更新改造；自主发展空间大的主要是"一岛一镇一新城"，即紫坭岛、古坝新城和瑰宝小镇，在这三个区域，旧村旧厂集中，"三旧改造"空间大，且又面临前所未有的发展机遇。紫坭岛规划有地铁 17 号线，有宝墨园（已经规划与南粤苑统一打造成新景区），有番禺"一村四岛"之一的概念，有历史久远的著名紫坭糖厂遗址，有岭南水乡风貌和原始民居，等等，但周边缺少服务型设施的配套。古坝新城与紫坭岛、龙湾湿地公园或番禺湖的风貌基本统一，打造沙湾西一个颇具水乡特色的滨水湿地新城，将为紫坭岛的进一步发展提供有力支撑，也可推进都市风貌和城镇功能低下的古坝片区的新型城镇化进程。紫坭岛、古坝新城、顺德碧桂园大型社区和番禺湖（龙湾涌湿地公园）连成一片，共同开发、更新和打造，番禺西部的城镇化建设和番禺与顺德的同城化建设，必将上到一个新台阶。相对于沙湾古镇和市桥南区新城沙湾片，沙湾镇中心区北部实际上缺少一个发展的核心和主题，沙湾珠宝产业园的发展相对封闭，与周边的协同、互动有限，很难带动整个沙湾镇中心区北部片区（昔日规划中所指的福龙片区，即福龙路南北两边）的更新、改造和发展。《广州沙湾瑰宝小镇发展建设规划》提出的以沙湾瑰宝小镇申报国家级特色小镇，按照打造价值创新园的理念规划建设国际会展中心、国际贸易总部基地、中欧珠宝设计中心、国际珠宝设计学院、珠宝博物馆等 13 个重大产业项目，计划总投资 116 亿元，现在已经申报成功。因而，古镇之后，沙湾中心镇北部区域也迎来了大发展的机遇。《广州沙湾瑰宝小镇创建方案》提出沙湾镇将着力促进整合珠宝产业和文化生态旅游有机融合。依托沙湾珠宝产业园打造珠宝玉石首饰特色产业基地，完善海关、检测、银行、物流、报关、保险等驻园服务，提供审批、合同备案、核销、通关、查检、押运、鉴定等"一站式"服务，大力推动园内广东省珠宝玉石交易中心和广州钻石交易中心申报国家唯一的珠宝玉石交易所。坚持以全域旅游为引领，积极打造番禺西部岭南文化生态旅游片区，实施"旅游 + 珠宝"发展战略，推动沙湾古镇景区、龙湾涌湿地公园、滴水岩森林公园、宝墨园、南粤苑等景点联动珠宝产业园高位发展①。

关于特色小镇建设，仇保兴有一个概括说得特别到位，可供沙湾建设瑰宝小镇时参考（见表2.3）。好的小镇是自下而上的，差的镇是自上而下、政府投资的；好的小镇与周边是共生、共赢的，差的小镇是两张皮、相互竞争的；好的小镇与产业与周边的节点有强大的联结，大家结合在一起利益共享，差的小镇没有联结；好的小镇有多样性的支持，差的小镇没有；好的小镇里，企业是高度分工合作的，差的小镇里则是互相之间老死不相往来的；好的小镇是开放的，差的小镇是就地服务的；好的小镇有超规模效益，差的小镇只是靠规模；好的小镇是微循环的，差的小镇还停留在大工业上；好的小镇主体是自适应的，有强大的自我萌发的动力，差的小镇是跟着政府号召，跟着大企业跑的；好的小镇是协同涌现的，差的小镇是单枪匹马闯天下的②。沙湾瑰宝小镇已有建设规划和创建方案，而且已经成功申报国家级第二批特色小镇。下一步到底如何开展，政府做好规划，目的是招商引资，让中外企业发力，而不是政府包办。沙湾珠宝产业园不能再局限于产业园区概念，而是打造具有珠宝首饰产业特色的产业生态圈（小镇）。瑰宝小镇不仅是番禺区沙湾镇的，也是代表广东和粤港澳大湾区的一个特色产业小镇，要与沙湾镇的其他节点资源共同构筑和营造，更要与粤港澳大湾区尤其是珠江三角洲区域的珠宝首饰产业、产区和服务及创新网络等密切合作，共同推进。

表2.3 特色小镇“好”与“差”的比较③

“好”的特色小镇	“差”的特色小镇
自组织	他组织
共生	两张皮
强联结	弱联结
多特色	雷同

---

① 《番禺沙湾打造“瑰宝小镇”》，载《广州日报》2017年8月10日，http://news.dayoo.com/guangzhou/201708/10/150079_51639644.htm。

② 参见仇保兴《十个案例辨析特色小镇的“好”与“差”》，载《住宅产业》2017年第4期。

③ 参见仇保兴《十个案例辨析特色小镇的“好”与“差”》，载《住宅产业》2017年第4期。

续上表

“好”的特色小镇	“差”的特色小镇
集群	杂拼盘
开放	局限本地
超规模效应	受制于规模效应
微循环	大循环
自适应	自主性不足
协同涌现	单枪匹马

第三章　番禺区沙湾镇产业发展的战略思考

在今后一段时期，沙湾镇应以打造番禺中心城区沙湾组团（市桥南区新城沙湾片和古坝新城）为目标，围绕岭南文化古镇、番禺旅游新城、南广州 RBD 的总体定位，充分利用“三旧”改造的历史契机，通过产业链招商和产业升级转型，实现沙湾镇产业经济的新突破。

第一节　产业发展基础

一、沙湾镇的经济增长

2010 年，沙湾镇的本地生产总值为 48.2 亿元人民币，2014 年高达 87.6 亿元人民币，但 2015 年却仅为 67.9 亿元人民币，到 2017 年达到了 78.4 亿元人民币[①]。如图 3.1 所示。

2015 年应该是对相关数据做了调整，以至于沙湾镇的本地生产总值数据和构成本地生产总值的三大产业数据，在 2015 年出现了断裂，显示的趋势也出现了断层。如果不考虑数据调整的因素，沙湾镇自 2010 年以来，经济增长相对比较平稳，第一产业下滑明显，第二产业、第三产业增长明显。如图 3.2 所示。

二、沙湾镇的工业增长

从工业总产值看，沙湾镇自 2012 年以来的工业增长势头依然很好，

---

① 根据沙湾镇 2015 年和 2016 年的政府工作报告，沙湾镇的本地生产总值 2014 年和 2015 年分别为 87.56 亿元和 67.9 亿元，但奇怪的是，2016 年的政府工作报告却说沙湾镇的本地生产总值在 2015 年比 2014 年增长 5.4%。

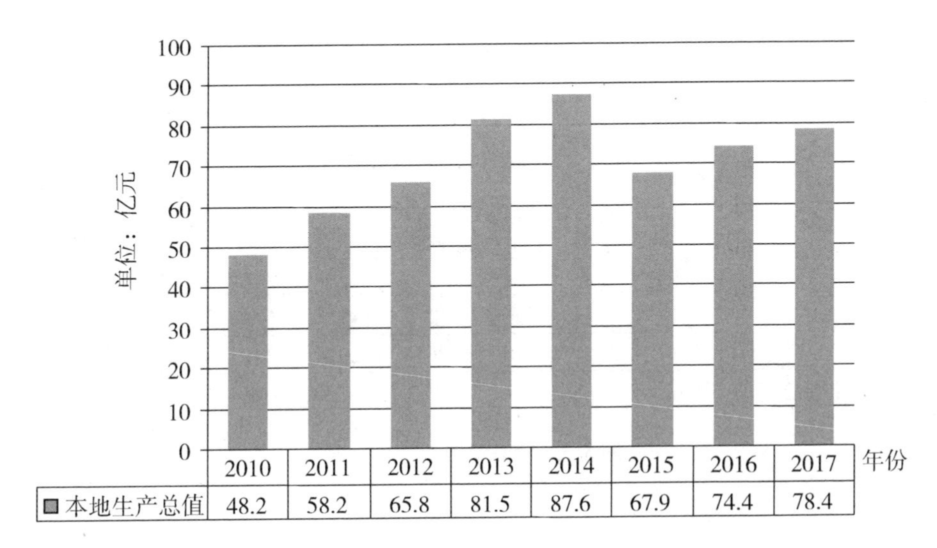

图 3.1　沙湾本地生产总值

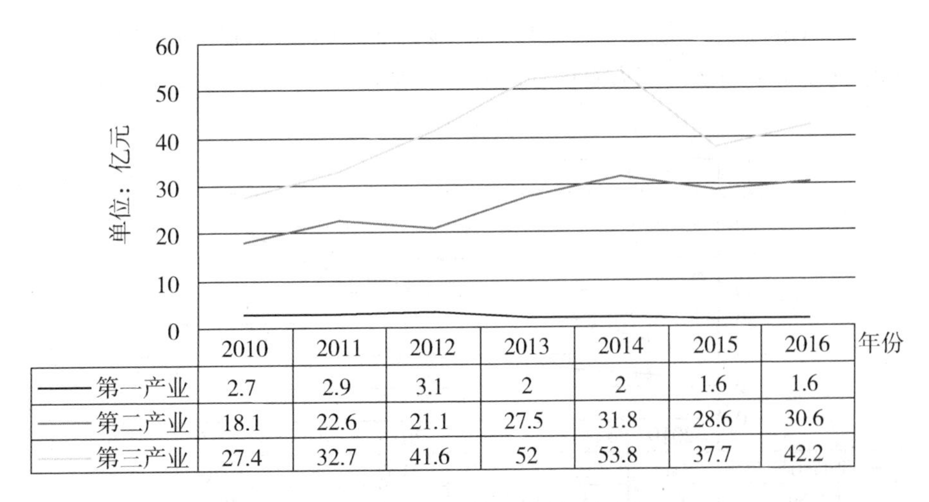

图 3.2　沙湾镇三大产业增长情况

没有出现颓败现象，工业对经济增长的拉动作用还很明显。如图 3.3 所示。

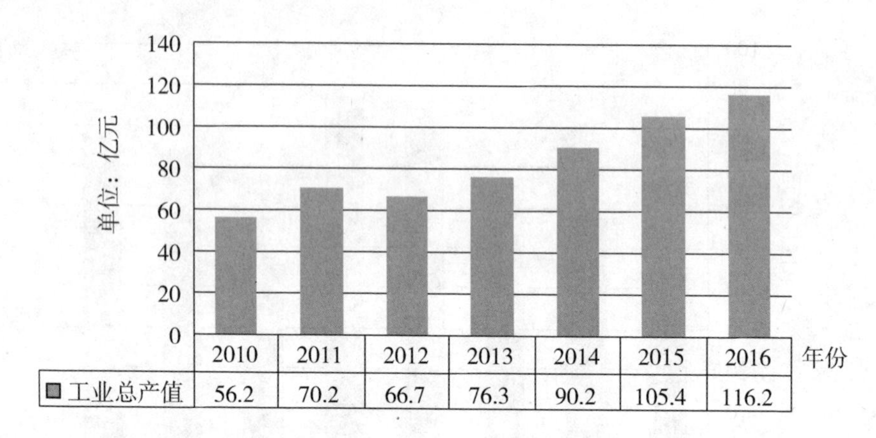

图 3.3　沙湾镇工业增长情况

三、沙湾镇的贸易增长

沙湾镇自 2010 年以来贸易增长明显，批发和零售都得到了增长，尤其是批发贸易的增长更为明显。如图 3.4 所示。

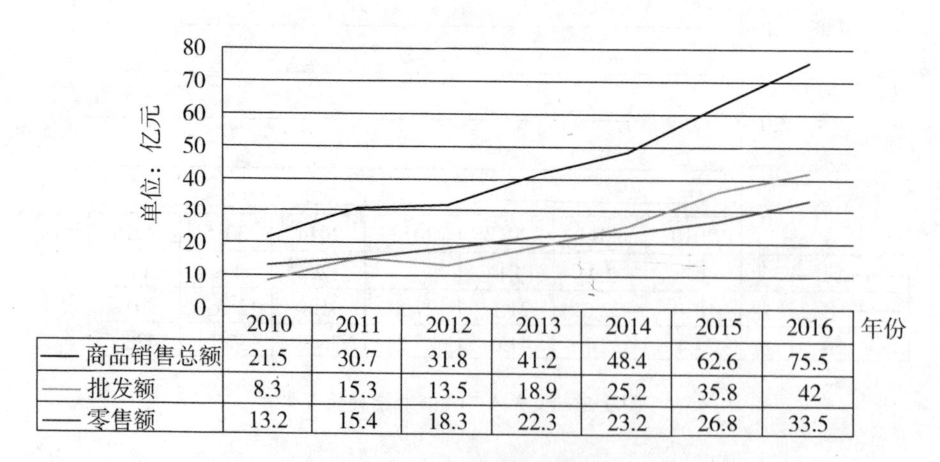

图 3.4　沙湾镇贸易增长情况

2016 年与 2010 年相比，沙湾镇的商品销售总额增长了 3.5 倍，其中批发销售额增长了 5.06 倍，零售销售额增长了 2.54 倍。

四、沙湾镇旅游总收入增长情况

旅游业在沙湾经济中的重要性在增强，旅游业总收入增长明显，从2010年的4724万元增加到2017年的6376万元，增长了1.35倍。如图3.5所示。

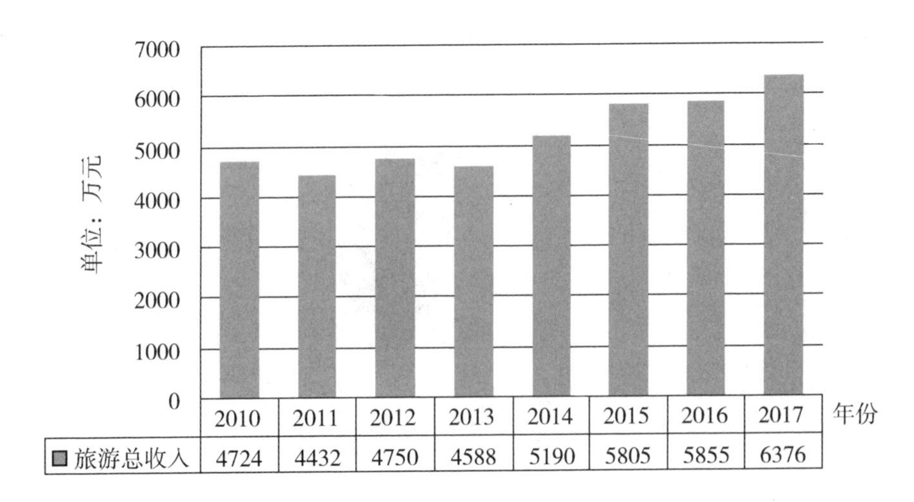

图3.5　沙湾镇旅游总收入增长情况

就沙湾镇的旅游业优势而言，收入增长势头不如预期，潜力巨大。

五、沙湾镇的经济结构

从沙湾镇的三大产业数据看，其经济结构，以第三产业发展为主的趋势很明显，但第二产业依然有一定的发展空间。

从沙湾镇2010年和2017年的三大产业产值比例来看（如图3.6和图3.7所示），沙湾镇的经济结构相对比较稳定。首先，第三产业已经成为主导产业，但第二产业仍有比较重要的地位。

六、沙湾正处在现代服务业发展的新阶段

按照总人口来计，沙湾2010年的人均本地生产总值折合为美元约为

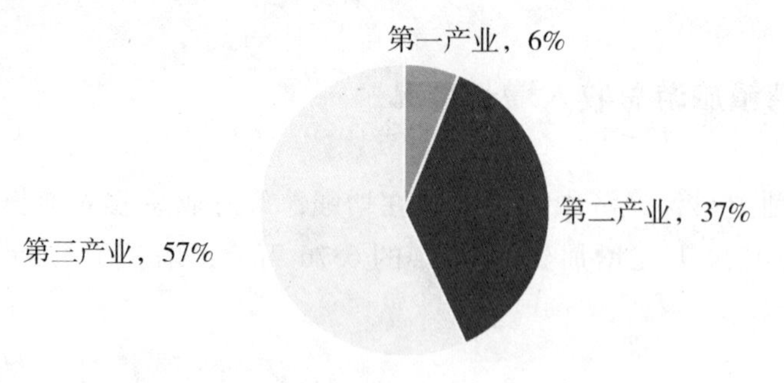

图 3.6　沙湾镇 2010 年三大产业产值比重

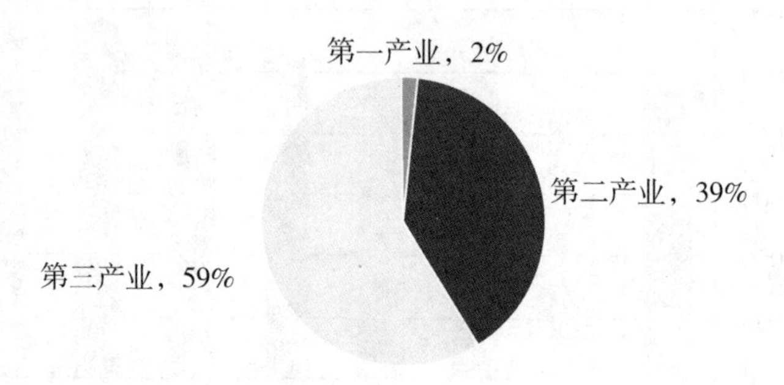

图 3.7　沙湾镇 2017 年三大产业产值比重

7000 美元（人民币兑美元汇率按 1∶6.62 来计算）；如果按照户籍人口计，沙湾 2010 年的人均本地生产总值则翻一倍，即约为 14000 美元。按照产业发展一般规律，沙湾镇已经处于工业化后期向后工业化时期转型阶段，现代服务业必将进一步发展壮大。

沙湾镇产业结构的服务化，一是突出广义生产服务业的发展，二是突出消费性服务业的发展。而沙湾镇服务业的发展，既要让新兴服务业成长壮大，也要求对传统服务业进行升级改造，从而使其发展跟上现代化、知识化、信息化和国际化的要求。沙湾镇在经历了农业经济、工业经济时代之后，正在进入服务经济时代，进入以现代服务业带动沙湾镇未来经济增长和产业升级转型的新阶段。服务经济是指服务业产值在国内生产总值（GDP）中的比重超过 60%，或指服务业就业者在整个国民经济全部就业者中的比重超过 50% 的一种经济态势。一般具有以下四个特征：①服务业成为社会财富的主要创造者；②服务产品成为满足人民生活需要的主要产品；③生产性服务从制造业中独立出来；④服务内部结构不断向高度化演变。从制造到服务，服务经济时代带给沙湾镇的变化将是全方位的。从经济发展的角度看，服务业将成为经济发展的最大引擎，从而使经济发展突破资源瓶颈成为可能；从居民生活的角度看，购买服务将超过购买产品，成为日常消费中的最大支出，从而使生活质量跃上一个前所未有的高度；从人与自然的关系看，由于摆脱了经济发展对自然的过度掠夺和侵害，从而使人类与自然和谐相处真正成为可能。

七、产业已形成特色，具备初步优势

（一）农业方面：沙湾兰花、沙湾水牛奶初步树立了品牌

自2000年以来，沙湾实施农业强镇战略，主要抓好“四五六”[①] 工程，也就是要树品牌，建基地，创示范点，通过树品牌占领市场，建基地摸索经验，创示范点辐射带动农民致富。到了2002年，沙湾镇又明确提出，在原来“四五六”工程建设取得一定成效的基础上，未来几年沙湾农业将实现由城郊型农业向集观光、休憩、环保为一体的都市型农业转变。在农业方面，沙湾最终形成了最具特色的农产品：沙湾兰花、沙湾牛奶、韭黄、黄羽鸡。

沙湾兰花。兰花是沙湾四大文化品牌之一。2003年，沙湾墨兰名种“企剑白墨”被评为广州市名优农产品。2004年，沙湾兰花注册的“青萝牌”商标，为全国第一例兰花注册商标。2008年，由沙湾兰花协会起草的《墨兰栽培技术规范》已成为广州地区首个关于兰花种植的农业技术规范。2009年11月，中国花卉协会兰花分会正式授予沙湾镇“中国兰花名镇”荣誉称号。2010年，墨兰银拖首次获得国内盆栽花卉最高级别奖项——金花奖，成为番禺区内首个获此殊荣的盆栽。2008年，沙湾兰花年产值达7500万元，其中出口销售额占30%，兰花的产、经、销成为沙湾镇农业经济的重要组成部分。2009年，全镇花卉种植总面积达到4338亩，种植品种以兰花、绿化苗木、盆桔、盆景为主，花卉产业年产值2.5亿元，其中兰花种植面积759亩，年产值7800多万元。沙湾兰花协会（2002年9月15日注册成立）在沙湾镇新洲村、涌口村先后建立了3个墨兰种植示范场，推广墨兰生产标准化。一号示范场，场主韩荣，占地13亩，主要种植品种为企黑；二号示范场，场主莫志坤，占地15亩，种植兰

---

① “四五六”工程指四个农业品牌、五个农业基地、六个农业示范点。

花品种比较多样，包括企黑、金嘴、白墨、桃红等；三号示范场，场主卢荣全，占地13亩，主要种植品种为企剑白墨、桃红、银针、企黑等，多为有色兰花。3个示范场作为优质墨兰种苗的基地，为著名优质墨兰“企剑白墨”实施提纯复壮，保证标准化示范区墨兰种植的苗株品种优良纯壮。由番禺区供销社系统领办的番禺区致雅兰花种植农民专业合作社于2010年12月21日正式挂牌成立，有17个兰花种植户，兰花种植场占地面积160多亩，主要产品有企黑兰、白墨兰、企剑白墨兰、金嘴兰、银边兰、银艳兰、仁化兰、银针兰等，达500多个品种。2011年2月18日至21日在云南省昆明国际会展中心隆重举行的第二十一届中国兰花博览会上，经沙湾兰花协会、沙湾致雅兰花种植专业合作社选送的一盆柳叶白墨勇夺金奖。

沙湾水牛奶。作为沙湾镇的特色农产品，沙湾水牛奶奶脂含量达7.05%以上，利用水牛奶制出的奶产品种类繁多，如沙湾姜撞奶、双皮奶、窝蛋奶、牛乳、奶霜、奶白饼等。这些奶制品品味各异，具有良好的营养价值，享誉省、港、澳，是甜品中的一大佳品，养殖户主要集中在沙湾西村，日产量约在1.38吨。2008年6月，位于沙湾镇西村塘岗脚、占地30亩的广州番禺沙湾水牛养殖场全面建成并投入使用，共有4个饲养大棚，可容纳奶牛350多头。在养牛场，一共有十几家养殖户，每家养了几十头牛，牛奶主要供给广州的甜品店、酒店等，也有一部分零售。据2008年番禺区公布的无公害农产品认证名录，目前生产生鲜牛乳的是广州市番禺区沙湾恒力奶牛养殖场，年产量100吨（产地证书是2010年的新证）。在沙湾，其后续加工企业为广州番禺沙湾牛奶食品厂，原名沙湾牛奶店，是沙湾特产民间传统小吃的企业。主要产品有姜撞奶、双皮奶、杏仁撞奶、姜汁糖、姜撞奶糖、薄荷糖、牛奶白饼、绿豆杏仁饼。沁芳园是番禺沙湾最早也是最有名的牛奶品牌店，每天可卖出奶制品1吨。在这家有10多年历史的老店里，常常见到有香港人专门寻来，然后小心翼翼地打包姜撞奶。沁芳园最早是一家甜品店，如今已有10多家分店，其最大特色是保留了现场制作传统姜撞奶。

沙湾韭黄。自2000年以来，沙湾一度大力推广“四五六”工程。韭黄是沙湾镇要树立的“四”大农业品牌之一（与兰花、水牛奶、黄羽鸡并列），古东、三善、沙北、沙西的蔬菜基地是“五”基地之一，韭黄产销一体化则是“六”个示范点之一。

沙湾黄羽鸡。2000年，沙湾最出名的养鸡场由黄桂枝经营，她承包5

个荒山，经营面积280多亩，产值超千万。她从1994年开始曾连续获得沙湾镇、番禺市、广州市“种养女能手”“三八红旗手”等称号，1999年更当选广州市第十三届人大代表。后来又出了李景忠养鸡场、古坝片肉鸡生产基地。但经过2003年的“非典”和之后的“禽流感”等事件的冲击，沙湾黄羽鸡的品牌就日趋没落了。据2008年番禺区公布的无公害农产品认证名录，韩景波经营的古东村养鸡场生产规模达80万羽，年产量2000吨，产品是肉鸡，为番禺区无公害农产品。

（二）工业方面：珠宝首饰、洗染机械特色初显

珠宝首饰是加工贸易为主的出口导向产业，主要特色是园区化、集群化。园区化指2004年就已建立威乐珠宝园，珠宝园总体规划1000亩，首期开发了338亩，园区内有持牌单位25家，从业人员1万人，年出口交货值7亿美元，占全镇出口交货值的85%；进口总值4亿美元，占全镇进口总值的90%。具代表性的企业有广州方盈珠宝首饰有限公司、广州市启艺金银珠宝有限公司、广州市番华珠宝有限公司。集群化指珠宝园是一个面向全球高值工业品原料及半成品生产、物流、交易、仓储、结算“一站式”的服务平台，也是全国首家海关进驻珠宝园区，外经、国检中心、银行、物流、报关设点的园区。国家珠宝玉石质量监督检验中心番禺工作站的落户，整合了番禺珠宝产业资源，实现国内外市场并重发展，将打造成为中国市场高值工业品“一站式”综合服务示范性园区。

洗染机械是传统优势产业，主要特色是标准化。沙湾镇洗染机械行业早在20世纪80年代就远近闻名。沙湾镇2007年获批成为广东省质监局专业镇标准化示范点。对此，番禺区质监局以专业镇标准化试点为契机，通过“镇政府+协会+企业”的方式，组织引导7家大型洗染机械企业共同制定了工业洗水机联盟标准，使该行业借助联盟标准脱困发展。2008年10月升级为广东省地方标准后，催生了传统优势产业，使其全面转型升级。产品质量提升，抽检合格率从2007年的15.8%上升到2009年的90.6%、2010年的100%。同时，产业升级优化成效显著，洗染机械行业产值从2007年的5亿元上升到2010年的8亿元。具代表性的企业有骏业宏达洗染机械有限公司、同心机器制造有限公司、强业洗染机械设备公司、乐金洗染设备有限公司、艺煌洗染机械设备公司等。这为沙湾打造标准化示范基地添彩增光。

除此之外，还有一些工业龙头企业发展势头仍然强劲，尤其是糖果产业，基础好，但主要也是加工贸易为主，需要进一步整合和扩展。

迈德乐（广州）糖果有限公司地处沙湾镇福龙工业区，总投资1875万美元，前身为佳口多力（番禺）食品有限公司，是国内糖果、巧克力制造行业百强企业之一，以出口为主，拓展内销。该公司于1999年由西班牙JOYCO（佳口）集团和德国MEDERER（迈德乐）集团合资创办，生产和销售橡皮糖。从2004年4月开始，由德国MEDERER（迈德乐）集团独资经营，并于2005年1月1日正式更名为迈德乐（广州）糖果有限公司。目前，迈德乐（广州）糖果有限公司瞄准国内市场，在基础设施建设方面加大投入，增设一条国际先进生产线，投入1000多万元，预计年产值成倍增长。

箭牌糖果有限公司位于涌口村附近，成立于1989年，是目前中国最大的糖果公司，也是箭牌全球最大的海外市场。箭牌番禺工厂现在是箭牌全球最大的儿童糖果生产基地，同时也是瑞士糖在中国的主要生产基地，主要产品包括大大泡泡糖、真知棒棒棒糖、瑞士糖等糖果产品。

（三）第三产业方面：房地产大盘云集、休闲旅游业加速整合提升

房地产业以住宅为主，商贸和旅游地产开始发力，为西环路商圈和市良路商圈的打造聚集了发展元素。大型楼盘主要集中在西环路东侧，与桥南街无缝连接，如万科金色城品（建筑面积7.3万平方米）、雅居乐（18万平方米）、祈福水城（12万平方米）、星辰时代豪庭（15万平方米）、博学公馆（3.8万平方米）、金沙湾（36.5万平方米），聚集了沙湾最高端的人口和购买力；而在西环路西部，主要就是金沙丽水（25万平方米）和尚贤苑。商贸和旅游地产正在推进之中，目前落实建设开工的项目主要就是青萝园（也称青萝天地，建筑面积22万平方米，一期建筑面积2万多平方米）。

青萝天地的开发、建设，将彻底改变沙湾目前只有天汇百货、信和超市、天润百货和其他一些社区型商贸零售业的局面，业态单一的社区型的沙湾商贸流通业将向区域型商贸中心和综合型休闲商贸中心转型和升级。

休闲旅游业立足沙湾特有的休闲旅游资源，2008年10月成立广州市沙湾古镇旅游开发有限公司，并于2010年7月与沙湾镇旅游开发办合署办公。2008年成立的旅游开发公司主要围绕沙湾古镇保护和开发的中心

任务开展工作，在保护现有历史街区风貌和文物的基础上，带动飘色、广东音乐、饮食等民间文化向产业化发展，为民间文化提供生存的空间，促进其传承和发展。对于沙湾古镇资源的保护与开发，沙湾镇已经有由华南理工大学出版的《沙湾古镇资源调查及保护规划》和由中山大学出版的《沙湾古镇旅游开发策划方案》。2010 年 7 月 16 日，为进一步促进以沙湾古镇、紫坭岛、滴水岩为核心的旅游资源开发工作的顺利开展，经沙湾镇委、镇政府研究，决定成立沙湾镇旅游开发工作办公室，并与古镇旅游开发有限公司合署办公。

第二节　沙湾镇产业发展思路

一、总体定位：以休闲旅游业为核心产业

（一）总体定位

沙湾镇的总体定位是构建以商贸商务和休闲旅游产业[①]为核心产业和

---

① 休闲旅游是指以旅游资源为依托，以休闲度假为主要目的，以相关旅游设施为条件，以特定的文化景观和服务项目为内容，为离开定居地而到异地逗留一段时时的游览、娱乐、观光和休息。休闲旅游与其他旅游的不同之处在于，一“动”一“静”，一“行”一“居”，一“累”一“闲”，它是旅游者占据了较多的闲暇时间和可自由支配的经济收入，旅游地有了一定服务设施条件下而逐渐形成的，是旅游得以丰富发展的产物。强调休闲、注重体验是休闲旅游的重要特征之一。从产品类型来看，有观光 + 休闲型、休闲 + 度假型、观光 + 休闲 + 度假型、专项资源 + 休闲 + 度假型，更多的是复合型产品，观光、休闲、度假、活动、专项产品相互渗透，高度融合，多元化、多层次、多类别互为补充，互相衬托，成为休闲旅游发展的趋势。休闲旅游产业是跨部门、跨行业的综合服务产业，是指直接或间接为国际和国内旅游者从事观光游览、休闲度假、探亲访友、商务、会议、宗教朝拜、文化体育科技交流等活动而提供餐饮、住宿、交通、游览、购物、邮电、文化娱乐等各项服务活动的总和。它不是各部门或行业的简单相加，而是围绕休闲旅游服务活动形成的产业链条。旅游产业链条所涉及的国民经济行业主要有餐饮业、零售商业（食品、饮料、烟酒、日用百货、服装、纺织品、针织品鞋帽、五金交电、首饰等）、住宿业、交通运输客运业、公共交通客运业、园林绿化业、娱乐业、旅行社业、金融保险业和电信业等。而旅游村镇的发展，与旅游产业发展阶段、村镇化建设进程等密切相关，一般要经历旅游企业—旅游产业（企业、政府、居民等共同构建起旅游产业）—产业综合体（旅游产业与其他产业相互融合形成产业综合体）—主导产业（旅游产业形成主导产业）—主导产业体系（主导产业、配套产业、服务产业）—村镇发展—旅游产业与村镇整体性发展—和谐社会发展等的不同阶段。

主导产业的现代产业体系，依托特色优势产业，开拓新兴产业，加速推进沙湾现代服务业崛起，使沙湾成为广州和番禺的休闲旅游旺地和经济活力重镇，成为番禺商旅经济发展的新亮点和重要节点。

（二）定位的依据

1. 实现城市新功能的需要

要建设番禺中心城区沙湾组团，将沙湾打造成岭南文化名镇、番禺旅游新城、南广州 RBD，以休闲旅游业为核心的现代服务业是实现沙湾新城功能的主要支撑产业。休闲旅游产业能够与沙湾的城镇化互动共进，是沙湾“造城”的最佳产业选择，只有加快休闲旅游业的发展，才能够持续带动沙湾城镇人口和高端生产要素的聚集，从根本上加速城镇化。通过休闲旅游与城市建设的融合即产城融合、景城融合，沙湾镇就可以率先突破先低端产业、后高端产业，先工业化、后城镇化的传统发展路子，实现新跨越。

2. 由沙湾现状和所处阶段所决定

沙湾的现状是，经济总量处于各镇街的中游偏下水平，第一产业、第二产业停滞不前，唯有第三产业在发力加速；而沙湾所处阶段是由农业经济、工业经济向服务经济过渡和转型，到了现代服务业高歌猛进的新阶段，上合国家规划和广州国家中心城市、特大城市的发展需要，下应沙湾自身经济转型升级的需求。

3. 立足沙湾特色和优势

沙湾在农业、工业和服务业都已初步形成特色和优势，只是缺少面向未来的核心产业和主导产业的既准确又坚定的一个定位，我们提出的定位正因应了这一点。

4. 休闲旅游业具有与各类产业高度融合的特征

休闲旅游是第一、二、三产业的融合体，能够转化一产，提升二产，带动三产①，促进三大产业转型升级。休闲旅游是消费型、绿色型、就业型产业，能够有效促进经济增长向消费、投资、出口协调拉动转变。旅游与演艺相融合，诞生了以“唐乐宫”为代表的传统旅游表演和以“印象系列”为代表的大型实景演出；旅游与影视相融合，带动了各种影视基地

---

① 为了方便说明，本书中一产、二产、三产分别是第一产业、第二产业、第三产业的简称。

的发展，也创新了各旅游目的地的营销方式；旅游与体育产业相融合，有了如今的奥运场馆游、体育设施游、大型赛事游；旅游与农业结合，形成了休闲农业、观光农业、农家乐等不同形态；旅游与工业融合，直接催生了工业旅游和工业遗产旅游的发展。

5. 能有效、持续地提升沙湾的区域竞争力

休闲旅游对于提升沙湾的区域竞争力具有核心引领作用。生态是我们最优的资源，文化的价值不可估量，宝墨园、沙湾古镇是最响的品牌。休闲旅游最能够有效地整合、利用生态和文化这两大优势，打造区域核心竞争力；休闲旅游也是一个成长性高的朝阳产业。

二、基本战略：三个率先

基本战略：一是率先打造番禺产业社区战略；二是率先构筑“豪布斯卡”城市综合体战略；三是率先推进产业转移园区建设战略。

（一）率先打造番禺产业社区战略：用好镇级、村级土地

当前，珠三角城市与产业发展主要面临三大难题：传统产业粗放型发展模式与现代产业体系矛盾凸显，城市土地的饱和与农村集体土地的碎片式开发矛盾凸显，农村简单工业化模式与城乡统筹发展的矛盾凸显。三大矛盾既分别存在又连环共生，解决之道必然要求一种兼顾城市升级和产业升级的总体发展模式的突破，这就是产业社区。

所谓产业社区，它不仅仅是产业集聚地，也是一种集研发、营销、居住、休闲、娱乐等综合功能的新型城市化形态。通过产业社区建设，希望能够实现产业、村庄、城市、环境和人的共同变身；也就是说，传统产业向现代都市产业变身，旧村庄向城镇新社区变身，旧城镇向新城区变身，牺牲环境求发展向绿色产业、低碳经济变身，村民、小镇居民向都市人变身。具体做法是，通过政府提供或引导生活、商务、商业的配套建设，带动与城市和环境相适应的新型产业发展。与此同时，完善的配套设施也将满足高素质人才在 8 小时以外的生活需求，使得产业和社区资源达到开放、融合和共享，实现产业园区与城市生活的结合。

产业社区主要以都市型产业作为目标产业，围绕精选而出的某些新兴产业打造产业发展平台（如科技城、电子城、生物谷、光谷、知识城等），

聚集产业链上下游企业，形成完整的产业链，并在新的产业形态凸显之时，完成对原先低质产业的替换或升级。它的突破之处在于不仅仅将产业的升级转型作为最终目的，而且还将其与城市升级和城乡统筹结合起来，既解决了乡村经济模式产业水平低和环境保护问题，也解决了园区经济模式存在的土地资源和生活配套问题，以及 CBD 所需地理和产业条件等限制。

专栏　　南海桂城的产业社区建设模式

位于佛山一环边上的瀚天科技城，是村集体开发意愿和政府规划意图对接的成功实践。这个项目的土地为北约村集体所有，早在 2000 年北约村就计划开发一座电子科技城，但是至 2006 年却因为村集体资金紧张而搁置。由于该项目与政府规划相符合，随后就由政府租用该村土地，并出资成立天盈都市型产业投资公司，负责瀚天物业的建设、经营和维护。目前已经吸引了 70 多家高新技术企业进驻。政府的介入，得以在不改变土地性质的基础上，打破以村为单位的土地利用模式，为集体土地统一规划、统一发展，同时带动园区与周边配套设施的完善，吸引与城市和环境相适应的新型产业进驻。而这些配套设施满足了包括员工和村民的生活需求，使得产业和社区的资源达到开放、融合和共享。

（二）率先构筑番禺“豪布斯卡”城市综合体战略：提升产业层次

城市综合体是指有机组合 3 个以上城市功能空间，以一种功能为主、多种功能配套的多功能、高效率建筑群落，是以某一特色功能为主体，将相关的商业、办公、居住、旅店、展览、餐饮、会议、文娱和交通等功能空间进行有机组合，并在各部分之间建立一种相互依存、相互助益的能动关系，从而形成具有特色城市服务功能的建筑群。在沙湾，应确立以休闲旅游功能为主，将相关的商业办公、居住、旅店、展览、餐饮、会议、文体娱乐、科教卫生和交通通信等功能配套、协调发展。

城市综合体不是简单的几种建筑形态的叠加，它创造优美的环境和舒适的生活氛围，最大限度地满足了人们工作、生活、购物、休闲的需要，实现了城市业态的多元性、功能优势的互补性和效益的最大化。

城市综合体主要有4个特征：第一，超大空间尺度。城市综合体是多功能的聚合体，它的名称HOPSCA就是英文单词Hotel（酒店）、Office（写字楼）、Park（公园）、Shoppingmall（购物中心）、Convention（会议中心、会展中心）、Apartment（公寓）首个字母的缩写。多功能，必然要求大尺度。第二，通道树型交通体系。城市综合体必须通过地下层、地下夹层、天桥层等，将建筑群地下或地上交通和公共空间贯穿起来，同时与城市街道、停车场、市内交通设施有机联系，形成完善的通道树型交通体系。第三，现代城市景观设计。城市综合体必须有丰富的景观与宜人的环境。第四，高科技集成设施。城市综合体必须有现代高科技的交通、通信、安保设施。

建设城市综合体是世界城市建设的潮流，有利于强化城市特色功能，形成专业化服务体系；有利于实现生活与创业的融合；有利于解决城市交通拥堵这一世界性难题；有利于营造小环境、小气候，克服自然条件的限制；有利于土地资源节约、集约利用，实现紧凑型城市发展。

（三）率先推进番禺产业转移园区建设战略：为迁出企业寻找出路

广州新中心城区，在番禺主要以沙湾水道为界，北部是都会区，以发展现代都市产业，尤其是现代服务业为主；南部是工业区，主要布局现代都市工业。沙湾主体正处在沙湾水道北部，都市产业，尤其是现代都市服务业是沙湾未来的主要产业。但是，改革开放以来，沙湾是靠乡镇村组企业的发展，即乡村工业化的推进和发展，才形成如今的经济结构，珠宝首饰、洗染机械、食品、电子、电器、木业等，在沙湾有相当基础和保有量。面对沙湾未来以休闲旅游业为核心的经济结构，这一块的确需要进一步明确和筹谋。

我们认为，建设沙湾产业转移园区不失为一个兼顾眼前和未来利益的举措。产业转移园可在番禺区内寻找合作对象设立，也可在番禺区之外寻找合作对象设立。产业区内转移，有就近的便利，也不会让既有利益流出；产业区外转移，可得到国家、省的政策优惠和鼓励，但会影响番禺区近期的经济利益，对迁出企业影响也较大。但是，不走产业转移之路，沙湾土地资源紧缺、产业层次低、发展后劲小等突出问题是没有解决办法的。

总之，产业社区和城市综合体建设战略是拓展沙湾未来产业的必行战略，而产业转移园的推进战略，是为了很好地解决昔日功臣产业和企业的必要举措。“腾笼”与“换鸟”的并进，沙湾基于“三旧改造”的新一轮产业发展和经济增长，才能落在实处。通过产业转移园给迁移企业以出路，从而友好和平地“腾出笼来”，再借助于产业社区的建设和城市综合体的打造，真正换来支持新沙湾建设和发展所需要的“鸟”，此“鸟”就是指新项目、新企业、新产业和新的产业链。

三、产业目标和总体思路

（一）产业目标

1. 近期目标（2011—2012）

休闲旅游业有突破，商贸流通业、商务业有亮点，房地产业有增量，西环路商圈和市良路商圈初步成型，“三旧改造”取得重大突破，产业转型升级开始步入正常轨道。

2. 中长期目标（2013—2020）

休闲旅游业崛起，商贸流通业、商务业成规模，房地产业再蓬勃，西环路商圈和市良路商圈逐渐成为南广州区域和番禺新中心城区的重要组成部分，景观大道商圈的建设如火如荼，“三旧改造”全面展开，产业转型升级取得重大突破。

（二）总体思路

1. 以休闲旅游业为核心，转化一产、升级二产、扩展三产

沙湾一产、二产、三产的发展现状是，就一产谈一产的发展，就二产谈二产的发展，就三产谈三产的发展，产业之间缺少有机联系，更谈不上产业融合。沙湾的三大产业之间必须通过休闲旅游业建立有机联系，也必须通过休闲旅游业实现产业间的深度融合。从原因与过程看，产业融合是从技术融合到产品和业务融合，再到市场融合，最后达到产业融合，是一个逐步实现的过程。从产业创新和产业发展看，产业融合指不同产业或同

一产业不同行业在技术与制度创新的基础上相互渗透、相互交叉，最终融合为一体，逐步形成新型产业形态的动态发展过程。产业融合的结果是出现了新的产业或新的增长点。

基于此，沙湾农业的发展重点，必然是适应休闲旅游业要求的休闲农业、观光农业。休闲观光农业是农业“接二连三”的综合体现。农业要提升，必须“接二连三”。也就是说，农业是第一产业，必须与第二产业（加工业）、第三产业（旅游服务业）结合，才能拓宽农业的功能，延长农业产业链，使农产品得到深度开发，从而达到农业增效、农民致富的目的。

而沙湾工业发展重点，首先是特色工业、优势工业要向一、三产业延伸、拓展，非特色工业或者与沙湾都市型产业不相匹配的工业则要坚决转移走，为新型都市产业发展腾出空间和资源。

沙湾的服务业则要做大做强，尤其是沙湾服务业中的休闲旅游业。沙湾休闲旅游业做大做强，一是立足沙湾特色农业、特色工业，二是立足沙湾的特色休闲旅游资源（景区、历史文化、古建筑、水乡等）。

总而言之，沙湾镇各行各业的发展、转型和提升都必须围绕休闲旅游业来做，通过休闲旅游业与沙湾农业、工业、服务业的紧密联系、良性互动，做出沙湾休闲旅游业的特色，将沙湾打造成一个和谐的整体，擦亮沙湾休闲旅游业的品牌，形成广州及番禺的镇级休闲和旅游的精品，使民众得实惠，让本级政府赢得口碑，获得上级政府和整个社会的高度认可。

2. 立足长远，统一规划，镇村合作，重在保护，适度开发，利留沙湾

立足长远，强调产业目标和定位要具有前瞻性，不能经过一段时间发展后又推倒重来。有利于沙湾长远发展的产业，一定要坚决做；而不利于沙湾长远发展的产业，该淘汰的淘汰，该压缩的压缩，该转移的转移。

统一规划，强调的是沙湾的规划要符合上级要求，各村的规划要统一到镇的总体规划上来，各村在规划上不可各行其是，从而确保全镇一盘棋。

镇村合作，强调的是镇里的规划必须立足长远统一进行，但规划的实施则需要镇村合作进行，使幸福沙湾、和谐沙湾在沙湾新一轮发展过程中落到实处。沙湾的现状是只有 5 个居委，却有 14 条村，沙湾今后发展的主要资源仍在村，镇村合作是唯一的出路。镇村合作建设产业社区，镇村合作建设城市综合体，镇村合作发展休闲旅游产业等，应成为共识。

重在保护，适度开发，强调沙湾是中国历史文化名镇、中国民间艺术之乡、中国文化旅游名镇，因此只能在保护好历史文化资源、民间瑰宝和生态休闲资源的前提下进行适度开发，绝不能搞破坏性开发。

利留沙湾，强调沙湾休闲旅游业的大发展和建设性开发，不能搞简单承包，也不能完全交给商业性的开发商或公司去做，必须在沙湾镇主导下，通过镇村合作，商业化运作，因此产生的利益能让镇、村和村民实现共享，让村民切切实实得到实惠，从而有效推进沙湾“三旧改造”和新型都市产业的建设。

四、产业发展重点

（一）都市农业：以休闲观光农业为重点

1. 沙湾农家乐

近期以沙湾西村为突破口，科学规划，加快将其建设成为市级乃至省级农家乐特色村，与沙湾古镇、龙狮公园和滴水岩片湿地公园的开发建设联动发展；此外，在大涌口村、三善村、紫坭村、龙湾村、古坝东村、古坝西村、龙湾村和新洲村中选2～3个点，高起点筹建新的农家乐特色村，与宝墨园、南粤苑、紫坭糖厂旅游景区联动发展。中远期，在沙湾形成2～3家省级农家乐特色村，2～3家市级农家乐特色村。这些农家乐既有共性又各具特色，成为沙湾农家乐的品牌支撑和特色体现。

2. 沙湾兰花产业园区

以沙湾兰花协会、新洲村和涌口村的3个墨兰种植示范场、番禺区致雅兰花种植农民专业合作社为基础和支撑，成立沙湾兰花产业园管委会或沙湾兰花产业园管理有限公司，以政府投资为导向，通过财政拨一点，向上争取一点，建设一批基础设施，推动重点开发示范，再通过建立村级土地流转中心，实行统一招租，促进区域布局和集约化经营，整合打造沙湾兰花产业园，使其成为南广州现代都市农业示范园区。在龙狮公园西部区块，可考虑建设兰花展示区、兰花销售区和兰花科普区；在涌口村、新洲村、龙湾村、古坝东村和西村等，可考虑建设沙湾精品兰花种植区、沙湾兰花研发区、以沙湾兰花为主的岭南花卉观光区等，并逐步扩大沙湾兰花种植面积。建设的中远期目标：使其成为南广州最知名的也是最大的集兰花开发和培育、兰花生产、兰花科普、兰花展销、兰花观光、兰花娱乐、兰花文化于一体的现代都市农业园区。

3. 沙湾水牛养殖园区

以目前生产生鲜牛乳的广州市番禺区沙湾恒力奶牛养殖场为基础，将只具有单一养殖功能的沙湾西村水牛养殖场，扩展建设为设施一流、景观一流、管理一流的沙湾水牛养殖基地和沙湾水牛奶体验区，使其适应沙湾休闲旅游业的需要，即它不仅是水牛养殖基地，也是沙湾特色旅游点。实行“五统一”的规范化管理，即统一规划设计、统一引种、统一防疫消毒、统一饲料用药、统一产品销售，达到“外观像花园式工厂，里面家家养”的要求。基地建设必须具备沙湾建筑特色，使其与沙湾古镇旅游区做到景观、形象的统一。建立奶农合作组织，加强奶农与上下游环节的联系；推动标准化建设，建立沙湾水牛养殖标准和规范，确立水牛和水牛奶的沙湾标准。镇政府要为沙湾水牛养殖保留一定的土地资源，使其不受侵蚀；同时，在沙湾标准化建设基础上，推动沙湾水牛养殖与镇域之外乡镇的产业合作，扩大沙湾水牛养殖规模。

4. 沙湾特种水产养殖园区

在九如古坝片优质水产基地和紫坭、三善、龙湾水产养殖基地基础上，建设番禺沙湾特种水产养殖园区。由农办牵头成立沙湾特种水产养殖园区建设推进工作领导小组和技术帮扶小组，结合沙湾实情和水产养殖标准，按照“因地制宜、统一规划、连线开发、承包经营、政府服务”的思路，加快发展进程。要在适宜水域建成集高产精养池塘、垂钓休闲为一体的综合养殖园区。同时，要完善配套基础设施，在相关入村道路明显处树立番禺沙湾水产养殖园区标志牌，在园区内建规划影壁，园区整体规划一目了然，各水产养殖户也在明显处标出所养品种、规模等内容，按照农业部第 31 号令要求，渔用药物使用准则、养殖用水、养殖生产、渔用饲料和水产养殖用药、违禁渔药等内容要制牌上墙。选择一定规模的旧池塘，对其进行改造，建成垂钓池，垂钓池要建有垂钓台，垂钓池旁建有农家小院，配备农家餐饮，集休闲、娱乐、餐饮于一体。中远期目标：建成现代化程度高、技术先进、品种优良的广州特种水产养殖示范园区，番禺无公害渔产品基地，成为沙湾休闲娱乐的又一好去处。

（二）都市工业：以“三旧改造”为突破口，把建设休闲旅游型都市产业社区作为发展重点

1. 沙湾威乐珠宝产业城

以沙湾威乐珠宝产业园为支撑，按照产业社区和城市综合体的建设思路，重新打造和构筑威乐珠宝园，建设沙湾威乐珠宝产业城，在来料加工出口基地的基础上，以珠宝为主题，着重营造其休闲旅游的特色功能。沙湾威乐珠宝产业园的现状是境外黄金来料加工业务的工业园区，至今已完成14幢标准型厂房、2幢豪华型厂房、6幢员工宿舍以及1幢综合办公楼。园区内加工出口环节的配套已经比较完善，海关、外经、检测、押运、报关公司等政府部门已驻园提供“一站式”服务，但产业链的高端环节（如研发、设计、会展、营销、信息中心、科技服务、人才培养、人力资源服务等）缺乏。究其实质，它还只是一座用铁栏围起来的大工厂，里面是工作生活两用。下班的工人们涌出在门外各个小餐馆或小商店买吃的、用的。产业发展层次依然较低，对沙湾经济带动十分有限，与沙湾镇产业发展的融合度不高，缺少高端生产要素。近期目标是按照制造业服务化、制造业升级和沙湾以休闲旅游业为发展重点的要求，立足沙湾珠宝产业园的现状，将沙湾珠宝产业园与其周边区域进行统一规划，即沙湾珠宝产业城的规划，以此引领福涌村的“三旧改造”建设工程。中远期目标是沙湾珠宝产业城的开发和建设，着重将其打造成为以珠宝为特色的都市产业社区，彻底改变福涌片区的旧貌。沙湾古镇北部最终崛起一座珠宝科技新城。

威乐珠宝产业园目前的建设、开发思路是园区化、集群化，这仍是就珠宝谈珠宝，没有结合沙湾的特色、优势和未来发展趋势进行考虑。威乐珠宝产业园的进一步开发和建设，需要新思路，即商务化、商贸化、景区化。商务化是指依托珠宝产业园的企业集群优势，强化商务功能，为珠宝企业提供广告、会展、办公、咨询、会计、金融、中介等服务；商贸化是指依托珠宝产业园的生产、加工、市场、贸易和品牌等优势，增强其商贸功能，形成具有珠宝首饰内销优势的贸易中心；景区化是指依托珠宝产业园的集聚特点和区域品牌优势，增强其休憩、游览、观光和体验等旅游功能，使其成为番禺和沙湾的以珠宝为特色的旅游点。

2. 沙湾科技工业城

沙湾的洗染机械、电子电器等，已经确立一定优势，但其技术层次仍需进一步提高，尤其是产业链的高端环节和生产服务，仍是薄弱环节。依托沙湾商会和洗染机械协会及骨干工业企业，建设沙湾科技工业城，将其打造为沙湾制造业的高端环节的服务平台。对于技术层次低、环境污染大、资源消耗多、景观破坏大的工业企业，通过严把标准关、环保关、生态关和规划关，促其升级转型或转移外迁，从而腾出空间和资源，引进发展高科技工业和现代服务业。在沙湾古镇北部，以沙湾现代科技工业和沙湾珠宝产业为基础，进一步向洗染机械特色产业总部基地、珠宝特色产业总部基地发展和迈进，结合产业社区和城市综合体的打造，从而在2020年左右真正崛起一座沙湾珠宝科技新城。

3. 沙湾特色农副产品加工园区

以广州番禺沙湾牛奶食品厂、广州沁芳园餐饮管理有限公司等为龙头，在沙湾西村及相邻相关的村（北村、南村）规划建设沙湾特色农副产品加工园区，为沙湾特色餐饮业的发展提供上游支撑。沙湾蔬菜、家禽、花卉、蔗糖、水产等因缺少加工龙头企业的带动，因而特色挖掘、标准制定、市场对接、信息化、国际化等难有突破性进展。为此，规划建设沙湾特色农副产品加工园区，既可让村民和镇村增收，也可为沙湾特色休闲旅游业的发展添砖加瓦。沙湾食品工业本身又有箭牌和迈德乐等国际品牌的加工基地，再辅之以休闲旅游的特色功能拓展，可进一步丰富沙湾特色休闲旅游产品链。

4. 沙湾文化创意产业园

在景观大道与沙湾古镇、威乐珠宝产业园之间区域，依托沙湾丰富的历史文化资源和民间艺术瑰宝，充分利用旧厂区，规划建设沙湾文化创意产业园，成为沙湾吸引创业者、艺术家和高端人才的新载体、新平台。通过与文化创意产业的嫁接，将沙湾丰富的历史文化资源和民间艺术瑰宝产业化、信息化，使沙湾的历史、文化、艺术借助于文化创业产业的新手段（如动漫、写生绘画、电视电影、表演、文艺创作等）走出沙湾，成就沙湾的新未来。

（三）现代服务业

1. 建设商圈、发展商贸

都市级商圈、区级商圈和社区型商圈的建设并进，商贸流通业快速崛起。都市级商圈：西环路商圈、市良路商圈和景观大道商圈。区级商圈：龙歧路中高档商贸商圈、大巷涌旅游文化商圈、岗心路—经述路特色餐饮游乐商圈、青萝路创意文化商圈、福龙路创新科技商圈。社区型商圈：中华大道社区商贸商圈、沙湾大道特色商贸商圈。如图 3. 8 所示。

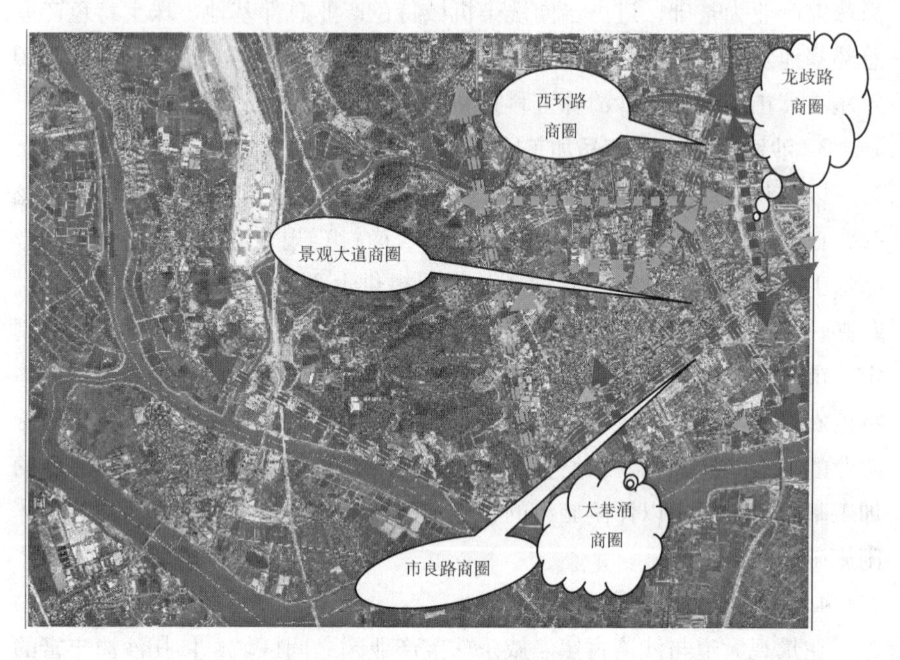

图 3. 8　沙湾镇商圈建设

按照由东向西推进商圈建设原则，近期应重点建设如下商圈：两个都市级商圈即西环路商圈、市良路商圈，两个区级商圈即龙歧路商圈和大巷涌商圈，完善两个社区型商圈即中华大道商圈和沙湾大道商圈；中远期建设：一个都市级商圈即景观大道商圈和三个区级商圈即岗心路—经述路商圈、青萝路商圈和福龙路商圈。

2. 打造 AAAAA 级的沙湾古镇旅游区

青萝嶂（滴水岩森林公园）以东、西环路以西、青萝路以南、沙湾水道以北，总用地面积约705.57公顷（即10583.55亩；7055700平方米），民居沿耙齿巷呈带状分布。街区聚落与外部自然环境保存完整，拥有大量明、清、民国时期的特色建筑，并形成以“三街六市”和“一居三坊十三里”为主体的格局。为较好地实施历史文化街区的保护计划，沙湾镇已将镇内约7万平方米（105亩）范围列为历史文化街区核心保护区，按照功能进行划分，实行全面的控制；并将以车陂街、安宁西街为中心的约2.4万平方米古街区划为绝对保护区，其余为重点保护控制区；鳌山古庙群及区内历史建筑所占面积共约2240平方米为核心保护区域。沙湾古镇保护与开发项目计划在10年内完成，打造集历史文化展示、商业旅游活动于一体的国家AAAAA级旅游区，在保护现有历史街区风貌和文物的基础上，带动飘色、广东音乐、饮食等民间文化向产业化发展，为民间文化提供生存空间，促进其传承和发展。2010年，古镇街区保护和旅游开发建设项目被列为区2011年重点建设预备项目，计划建设时间10年，估算总投资5亿元。

3. 打造南广州户外运动圣地

古镇、园林、湿地公园、森林公园、陆上绿道、水上绿道、水源区等旅游资源，对于广州乃至珠三角众多户外活动爱好者来说具有相当大的吸引力。因此，在沙湾发展南广州最具规模和特色的户外运动、拓展训练和休闲的基地，是因时应势的行为，必有市场，且进一步增强沙湾作为“岭南古镇、旅游新城、南广州RBD”的吸引力和影响力。现有基础主要有滴水岩森林公园、沙湾绿道、沙湾古镇、历奇山庄、国防训练基地等，拟发展项目有水上绿道、湿地公园、高尔夫练习场、骑行天地、中央公园（连接滴水岩森林公园和沙湾古镇）、龙狮公园（沙湾水厂附近）、户外用品城、沙湾康体运动娱乐城、沙湾旅游和户外运动服务中心、休闲观光农业园区等。

4. 建设特色产业总部区

围绕沙湾特色产业（珠宝首饰、洗染机械、文化旅游）和优势产业（电子电器、五金、食品），打造特色产业总部沙湾基地。加大力度吸引镇内外制造企业管理总部、运营总部、研发总部落户，力争吸引15家以上企业总部入驻。

5. 沙湾古镇文化创意产业社区

沙湾古镇街区除了众多历史文化景点外，也散布大量民居私宅，在保护村民私有产权和村民集体产权前提下，引导其招租引才或招商引智发展历史文化创意小店和企业，形成与古镇旅游区互为依托和支撑的南广州历史文化创意产业集聚地。将古镇旅游与岭南历史文化的亲身体验结合，丰富和拓展沙湾古镇的文化纹理和内涵。

6. 开发建设“青萝天地”

“青萝天地（荔园新天地）”，项目占地面积约9万平方米，拟建设为商业面积超过20万平方米，集休闲、旅游、餐饮、娱乐、购物、文化、酒店于一体的大型城市商业综合体。

7. 南区最大农副产品综合商城

沙湾镇东片区和桥南街集中居住大量高品质楼盘的人口，购买力强，对生活品质要求较高，急需配套一个综合型的高品质农副产品大型超市或综合商城。在龙歧村选点（最好是在金沙湾花园以北、雅居乐星源以南、雅居乐锦官城以东、岐山医院以西的旧村区域）高标准建设一座南区最大农副产品综合超市或商城，以顺应番禺中心城区南区的发展需要。

8. 建设一座300～500亩的公园式沙湾康体运动娱乐城

在象贤中学、华阳学校附近区域，通过旧厂区的改造，建设一个300～500亩的沙湾康体运动娱乐城，进一步丰富沙湾休闲旅游业态。沙湾康体运动城内设网球馆（不少于10个场）、羽毛球馆（不少于30个场）、乒乓球馆（不少于20张台）、桌球馆、保龄球馆、溜冰馆、游泳馆、健身馆、康复中心、沐足中心、康体商业中心、特色餐饮店（3～5家即可）等，以运动、休闲和娱乐为主。努力将其打造成为南广州十分知名的运动休闲型场馆，以增强沙湾的休闲旅游吸引力，支持并带动相关产业发展。

9. 新建3～5家四星以上酒店

沙湾地处番禺中心区和南广州核心地带，以广州名镇建设为号召，是广州和番禺的重要旅游目的地，但沙湾缺少中高档的酒店和酒店商务区，接待五湖四海的客商和游客的能力极端缺乏。沙湾旅游和南广州大开发带来的人气、财气难以在沙湾集聚，根本原因在于中高档酒店和酒店商务区以及知名大饭店和特色饭馆的缺乏。

我们的思路是：三桥南桥脚、北斗大桥北桥脚东西两侧、大莱木业旧厂房、凤山水泥厂旧厂房等，引资新建3～5家星级酒店，以因应广州南拓和沙湾镇向商旅经济、总部经济转型的需要，这些四星以上酒店大楼也可成为沙湾经济和城建加速转型的几个最突出的地标性建筑。

10. 引进一批经济型品牌酒店

经济型酒店主要是指以大众旅行者和中小商务者为主要服务对象，以客房为唯一或核心产品，价格低廉（一般在300元人民币以下）、服务标准、环境舒适、硬件上乘的现代酒店业态。沙湾增建一批经济型品牌酒店，主要是为满足沙湾加速发展休闲旅游经济和商贸商务经济的现实需要和未来需求，弥补沙湾目前在酒店业这一块的滞后和不足。

五、政策措施

（一）加强组织领导，设立专责小组

在旅游开发办基础上，抽调精干人员，组织成立沙湾镇现代产业体系建设领导小组，统筹协调全镇现代产业体系开发和建设的重大问题，加强部门间联动协同，组织实施现代产业体系建设规划，制定重点产业扶持政策，建立实施评估机制，研究解决现代产业体系建设中遇到的重大问题，科学有序推进现代产业体系建设。领导小组设在旅游开发办，下设旅游业、重大项目和产业研究专责小组。

（二）优化土地资源配置和供应

加强土地储备工作，清理闲置土地，制定低效和闲置产业用地加快流转奖惩结合的管理办法，鼓励低效和闲置土地的二次开发，在不影响城镇总体规划前提下，适度放宽对农村三旧改造项目容积率的控制。建立投资项目库，加强投资监管。大力引商选资及集聚国内外优势资源，吸纳国内外现代服务业及高端制造企业转移，提升沙湾镇现代产业发展的增量和质量。

（三）明确产业发展指引，制定产业发展目录

根据沙湾镇产业发展方向，制定产业发展目录，实行差别化的产业准入政策，合理有效配置资源。加强行业组织建设，发挥行业协会在落实产业规划、推进资源整合、加强行业自律方面的作用，促进产业结构调整。深化财政管理体制改革，建立产业发展专项资金和协调机制，加强对重点

产业、优势企业项目的引导和扶持；镇各相关职能部门积极协助企业多渠道申请国家、省、市、区的资金扶持。积极落实省、市、区促进中小企业发展的政策措施，加强和改善对辖区中小企业的服务，支持中小企业加快转型升级和做大做强。

（四）加强资金扶持，创新发展产业金融体系

加强与辖区内主要金融机构的沟通、交流和合作，多方面争取金融机构资金支持和服务。鼓励发展和引进新型的村镇银行、产业发展基金、风险投资、小额信贷机构和担保机构等，为沙湾镇产业发展注入资金活水。鼓励有条件的企业、园区、行业协会向金融领域延伸，为本镇企业发展创新提供金融支持和服务。

（五）大力引进和培育产业中高端人才

制定沙湾镇现代产业高层次人才开发目录，大力引进培养现代产业体系的领军人才和创新团队。加大基础人才培养力度，强化职业技术教育，采取岗位职业培训与高等教育定向培养相结合，为现代产业体系发展培养多种类型、不同层次的专业实用人才。营造人才发展的良好环境，优化人才住房保障环境，提供优厚实惠的经济待遇和施展才华的工作平台。

第四章　沙湾镇旅游业发展思路[①]

沙湾镇地理位置优越，社会经济发展状况良好，自然生态环境优良，民俗文化具有较强的典型性和代表性，拥有中国文化旅游名镇、中国历史文化名镇、中国民间艺术之乡、全国文明村镇、全国文明小城镇示范点、国家卫生镇、广东省教育强镇、中国兰花名镇等荣誉称号。沙湾镇旅游业已取得不少成就，具有良好的基础和发展前景，合理规划及科学策划，将有助于其未来的大规模发展。

第一节　沙湾镇旅游业发展背景与条件

一、旅游业日益受到重视

近年来，随着我国社会经济的发展，旅游业也在加快发展并日益受到重视。从中央到地方各级政府相继出台了加快发展旅游业的有关政策，它们是《国务院关于加快发展旅游业的意见》（国发〔2009〕41号）、《贯彻国务院关于加快发展旅游业意见的若干意见》（粤府〔2010〕156号）、《珠江三角洲地区改革发展规划纲要》、《中共广州市委、广州市人民政府关于加快我市旅游业发展建设旅游强市的意见》（穗字〔2009〕15号）、《关于加快我区旅游业发展，建设旅游强区的若干意见》（粤府〔2011〕190号）。这些均为沙湾镇旅游业的规划、发展提供了政策指导。

《国务院关于加快发展旅游业的意见》从全局和战略高度把旅游业定位为国民经济的战略性支柱产业和人民群众更加满意的现代服务业，确立了旅游业在国民经济和社会发展中的重要地位，明确了服务民生的产业定位和具体化的产业政策导向，对旅游业发展将产生深远的影响。

---

① 本章由课题组成员郭盛晖执笔完成。

旅游业具有资源消耗低、带动系数大、就业机会多、综合效益好等显著特征，加快番禺区旅游业发展，建设旅游强区是落实《珠江三角洲地区改革发展规划纲要》战略，建设“首善之区”、幸福番禺，构建现代产业体系，推进现代服务业跨越式发展的重要举措；是优化调整经济结构，加快转变经济发展方式，实现“三促进一保持”的有效措施，也是推动扩大内需、增加就业机会、促进城乡协调发展的必然要求。《关于加快我区旅游业发展，建设旅游强区的若干意见》（粤府〔2011〕190号）要求各级各部门要从全局和战略的高度充分认识加快番禺区旅游业发展的重要意义，要将建设旅游强区工作摆上重要议事日程，采取切实有效措施，努力把旅游业培育发展成为番禺区经济社会发展的优势产业。

二、城镇经济转型及新功能定位

随着广州市南拓战略的实施，广州整体布局优化，琶洲国际会展中心的投入使用、大学城进驻番禺、广州火车南站在沙湾附近落户等不断加快了番禺的新发展，番禺作为新居住和商贸中心的地位越来越突出，这将带动和影响沙湾的城镇建设与功能定位，也将为改善沙湾旅游设施、营造旅游环境、建设新兴产业区和服务业提供机遇和挑战。

《番禺旅游发展总体规划》明确了2010—2015年期间番禺旅游业的总体发展格局，提出了“三大片区、六大组团”的旅游发展空间结构。其中，沙湾镇被确定为番禺西部历史文化观光组团的重点发展区域，定位于发展以历史文化街区为代表的具有典型南粤文化内涵的旅游产品，成为拓展番禺域外市场的主要产品。以宝墨园为核心、以沙湾文化为基础的岭南文化特色游被确定为构建休闲文化旅游区整体形象的四大主题旅游线路产品之一，这在一定程度上为沙湾旅游业的发展明确了战略方向。

番禺区和南沙区行政区域的重新调整，以及沙湾和桥南街区域面积的消长，沙湾镇管辖地面积收缩，可利用的土地面积减少，农业和工业用地的不足迫使沙湾不得不及时考虑调整产业结构，发展高附加值的第三产业和现代服务业。特别是根据《珠江三角洲地区改革发展规划纲要》的“退二进三”战略，以及广州市“12338”工作报告将沙湾规划为岭南市镇主题区域，明确列入“一山一江一城”8个主题区域[①]进行规划建设。因此，在这种新的社会经济背景下，沙湾的城镇规划和功能定位也应该做出新的调整，沙湾镇在新时期的主导产业应是第三产业，而不是第一产业和第二产业。

根据本课题组“沙湾镇城市发展功能与产业定位研究”，沙湾作为广州市南部、番禺区西部的重要城镇，以“岭南文化古镇、番禺旅游新城、南广州RBD”为未来的城市发展定位，把第三产业作为新时期的主导产业。旅游业作为现代服务业的重要组成部分，是番禺也是沙湾未来发展的主要目标。

三、问题与不足

资源开发利用的深广度有限，旅游产业链短小。沙湾旅游资源类型较丰富，特色较明显，资源的规模和价值也较大，具有较强的开发意义。但就开发利用现状而言，除宝墨园景区外，其他旅游资源的开发尚处于较低水平，未能得到充分地挖掘、利用。当前沙湾旅游基本上属于观光游览型、以不过夜的一日游为主，旅游收入大多仅限于门票、交通，以及少许餐饮接待，旅游住宿、旅游工艺品设计生产、旅游购物、旅游娱乐、旅游品牌输出等规模很小甚至缺失，未形成应有的旅游产业链。作为沙湾优势旅游资源的生态环境和历史文化资源开发利用不充分，未形成具有强竞争力的产品。旅游景区与景区之间的相互联系、优势互补欠佳，资源整合有待加强，镇内旅游产品没有形成系统性。

旅游基础设施和配套服务有待改善。近年来，沙湾镇的旅游交通等基础设施虽然大为改善，但尚不能完全满足旅游业大发展之需要，比如，城际高铁等轨道交通虽然从沙湾穿境而过，但没有设站点，游客只能“望高而叹”。对外公路交通虽然方便、顺畅，但一些景区内的交通导引和管理却不甚合理，缺乏足够的、规划科学的停车场。其他配套服务方面，住宿、餐饮和娱乐设施基本处于起步阶段，全镇至今还没有三星级以上酒

---

① “一山”指白云山及向北延伸的九连山脉。“一江”指珠江水系及大小河涌。“一城”指20.39平方公里的历史城区。“八个主题区域”包括莲花山自然人文主题区域、从化市历史村镇主题区域、沙湾镇岭南市镇主题区域、黄埔古村古港丝绸海路主题区域、先烈路革命史迹主题区域、三元里鸦片战争主题区域、长洲岛军校史迹主题区域、沿珠江工业旧址主题区域。

店，难以满足游客的住宿需求，也缺乏一定规模的游客集散中心。

遭遇同质化竞争。客观地讲，从较大的区域范围来看，沙湾镇多数旅游资源并不具有垄断性和唯一性。岭南文化固然是沙湾最具特色和开发价值的旅游资源，但是，我们必须正视的是，近年来珠江三角洲许多地区都已经或准备以岭南文化作为旅游开发的着力点，如广州荔湾区推出富有岭南建筑特色的西关大屋，中山市加大对民俗文化、名人民居的开发力度，顺德区则充分利用广府饮食文化和珠三角基塘农业文化，佛山力推醒狮、粤剧，台山则大打音乐之乡、飘色之乡旗号，这些均构成了本地资源雷同的同质化竞争威胁。而生态环境、休闲度假等旅游资源，与周边地区相比，沙湾的这些资源也并不具有唯一性。

产业融合不足，旅游新业态急需拓展。从旅游业发达地区的实践经验表明，走与相关产业融合之路是旅游业大发展的必由之路。沙湾有许多产业具有明显特色和区域影响，如珠宝产业、以兰花为代表的花卉产业、传统文化产业、教育体育产业等。但目前这些产业与旅游业的结合非法有限，产业融合严重不足。以珠宝产业为例，沙湾威乐珠宝产业园虽然占地300多亩，进出口产值占全镇的85%以上，但它与旅游业融合不深，基本上还是一座用铁栏围起来的大工厂，里面仅限于生产与出口，游客不能自由进出，也没有供游人观光、购物的场所。另外，旅游开发也主要限于传统的旅游景区开发，重点发展食住行游购娱乐六大传统要素，健身、休闲、商务、会展、体验等旅游新业态的培育明显不足。

第二节　沙湾镇旅游业发展思路

一、指导思想与发展目标

2011年至2020年期间，番禺区沙湾镇旅游业要继续深入贯彻落实科学发展观，适应珠三角及省内外社会经济新形势，顺应城乡人民过上更好生活新期待，深化改革开放，整合旅游资源，促进产业深度融合，推动旅游产业的跨越式发展和区域形象的整体提升，争取建设成为全国著名的旅游强镇。

（一）指导思想

高举中国特色社会主义伟大旗帜，以邓小平理论和“三个代表”重要思想为指导，深入贯彻落实科学发展观，落实《珠江三角洲地区改革发展规划纲要》和发展战略，紧紧围绕将广州建设成宜居城乡的“首善之区”和幸福番禺的任务，构建现代产业体系，推进现代服务业跨越式发展。

顺应省内外旅游业发展趋势，努力把旅游业培育发展成为推动沙湾镇社会经济发展的优势产业，以深化文化旅游和生态旅游为发展方向，以建设全国著名的旅游强镇为发展目标，紧密结合广州市和番禺区的旅游发展战略，从发展定位、资源整合、品牌营销、市场竞争力培育与提升和旅游大环境的营造等方面对沙湾镇旅游业进行全面、科学的规划，依托旅游资源和区位优势，注重文化资源和生态资源的挖掘，大力发展文化、休闲、商务和生态等主题的旅游形式，以融合、创新和提升为发展要求，优化空间布局，整合社会资源，加快产业融合，创新旅游产品，提升服务质量，完善产业体系，拓展国内外市场，促进区域联动，不断增强沙湾旅游业的区域竞争力和影响力。

（二）基本原则

1. 政府主导、企业主体和社区参与原则

旅游业是综合性很强的产业，涉及面广，而且绝大多数旅游资源具有公共性，这就要求在旅游规划开发过程中，要充分发挥政府的主导职能，增强政府宏观调控力度，做好规划、协调及公共服务等工作，为旅游产业的健康、快速发展营造更加有序的市场环境。同时，坚持以市场作为资源配置的基础手段，以企业作为旅游业经营管理的主体，进一步发挥各类企业的积极性和创造性，鼓励民营企业参与旅游开发管理，进一步重视旅游开发的社区参与，将社区资源有效转化为旅游产品，在产业发展中保障社区居民的合法权益，确保社区居民能够分享到旅游产业带来的各种经济文化利益。

2. 产业融合与区域联动原则

大力发展产业旅游，促进旅游产业与工业、农业和文化产业的融合，加强旅游业与城镇基础设施的资源共享，因地制宜地探索产业互动、互促的旅游循环经济模式，充分发挥旅游业强大的产业关联效应和全方位的带

动作用，进一步体现旅游产业在提升城市和区域知名度、打造城市和区域名片方面的作用。解放思想，更新观念，突破行政壁垒，强化区域协作，以“南番顺”旅游联盟为基础，进一步加强区域联动。处理好与番禺其他区域及珠三角城镇的关系，立足自身特色和优势，明确沙湾的定位，实现科学分工与合作，竞合共赢，和谐发展，打造成珠三角重要的休闲文化旅游目的地。

3. 开发与保护并重原则

开发与保护是区域旅游发展过程中不可避免的矛盾，沙湾旅游要谋求可持续发展，必须正确处理好开发与保护的关系，注重低碳环保，打造资源节约型和环境友好型旅游产业。沙湾旅游发展特别是涉及山水生态环境资源、古镇历史建筑文化资源时的开发利用，可能会不同程度地因为过度地开发而导致资源破坏和枯竭，或者是过度地保护致使资源得不到利用与更新。如何平衡保护与开发之间的冲突，妥善处理近期与长远之间的利益关系，处理好经济利益与社会、环境效益间的关系，将是沙湾旅游规划发展面临的重要挑战。

古镇文化旅游资源和生态旅游资源是沙湾旅游业发展的条件和资本，旅游开发是实现旅游资源价值和推动旅游资源保护的有效手段，开发古镇旅游要充分合理利用其历史文物，让它真正发挥自己的作用，体现自身价值。对于古镇的保护，需要寻求一种共识，即弄清古镇遗产资源的三大价值，即历史价值、艺术价值和科学价值。处理好旅游发展与城市建设之间的关系，充分考虑城市发展战略布局，做好协调与对接工作，通过合理的旅游规划，描绘沙湾镇旅游发展蓝图，发掘旅游资源的潜力，使之转化成为旅游产业优势。

4. 资源驱动、资本驱动与创新驱动相结合原则

以市场为导向，坚持资源、资本与创新三轮驱动，不断为旅游开发注入新动力，优先开发利用资源，提高旅游资源的开发效益，充分利用历史文化资源、山水资源的优势，营造旅游特色，提高产业附加值。广泛动员和吸引内外资本，提高旅游开发深度，扩大旅游开发规模，深入挖掘地方特色，创新利用各类资源，打造具有鲜明特色的旅游产品。创新发展机制与模式，在产业发展过程中不断提高旅游业的经济贡献率、社会贡献率和文化贡献率，促进经济效益、社会效益和文化效益的协调统一。

5. 观光市场、度假市场与休闲市场协调原则

壮大旅游市场主体，走内涵式发展道路，优化旅游产品结构，巩固观光旅游市场，拓展度假旅游、商务旅游市场和休闲旅游市场，大力开拓港澳台同胞、东南亚地区的华人华侨观光市场，积极开拓国内近中程度假和商务旅游市场，加快培育各类休闲旅游市场。

（三）产业定位

番禺沙湾镇的旅游产业定位是：战略性支柱产业和人民群众更加满意的现代服务业。

1. 推动沙湾发展转型的战略性产业

旅游业是现代服务业的重要组成部分，对消费、投资、出口具有全方位的拉动效应，旅游消费是最终消费、综合性消费和可持续性消费，对内需的拉动作用尤为显著，是区域转变经济发展方式、调整产业结构的战略途径。发展旅游，有利于打破城乡二元结构，实现城乡之间人流、物流、资金流、信息流、技术流的互动交流，是进一步缩小城乡差别、统筹城乡发展的战略举措。旅游业是典型的资源节约型、环境友好型产业，具有资源消耗低、带动系数大、就业机会多、综合效益好等特点，是实现和谐发展、科学发展的战略性产业。

顺应国家总体战略要求，结合沙湾城市发展的阶段性特征和旅游业发展的现状，推动沙湾旅游业的战略转型。一是在与工业化相协调、与城镇化相一致、与新农村建设相结合、与文化发展相融合的基础上，实现与其他产业“互动共生”向“互为支撑、融合共赢”转化，提升旅游业在沙湾城市功能总体框架中的地位。二是实现以经济功能为主向经济、社会功能并重转型，促进旅游功能综合化发展。三是推动旅游业的发展从主要依靠物质投入、外延扩张向依靠科技进步、提高劳动者素质和创新管理转型，实现旅游发展方式集约化，旅游服务质量提升持续化以及旅游生产、消费的低碳化。四是按照建设法治政府和服务型政府的要求，强化市场在要素配置中的基础性作用，提升城市的旅游公共服务功能，实现从分散管理向统筹协调、从政府管制主导向政府引导和监督服务的转变，以适应大旅游发展格局的新要求。

2. 推动经济持续发展的支柱产业

通过整合旅游资源，推进产业融合，大旅游产业将成为培育新的消费热点和新的经济增长点的优势产业，成为推动经济社会不断创新、持续发展的重要领域。2011 年至 2020 年，沙湾旅游业要充分发挥旅游业关联面广、带动性强的优势，以扩大旅游消费为重点，坚持走文化驱动、创意驱动和品牌驱动的发展道路，使旅游业成为促进产业融合、持续推动区域经济发展的新的支柱产业。

3. 支持民生改善的主导性产业

随着经济的发展和社会的进步，人们对于旅游、休闲的需求日益增长。旅游业越来越成为人们生活水平提高、精神需求得到满足的标志，成为改善民生的重要产业。沙湾旅游业也要发展成为充分吸纳就业、满足群众精神文化需求、完善城市环境品质、提升市民生活水平的民生性主导产业。

4. 人民群众更加满意的现代服务业

旅游业发展的出发点是满足人民群众的要求，落脚点是要让人民群众满意。沙湾旅游业应该不断改善旅游消费环境，提升旅游服务质量，把“人民群众满意度”作为评价产业发展的标准和要求，更加突出现代服务业的特征和素质，使旅游业成为和谐发展、科学发展的现代服务业。

（四）发展目标

以岭南文化、生态特色为本底，抓住广州商圈南移和广佛同城化机遇，通过积极的产业融合战略和重点项目带动的旅游开发战略，积极推进旅游产品建设和旅游产业升级，加强旅游业与相关产业的融合，大力拓展旅游新业态，使旅游市场规模进一步扩大，旅游产品更加丰富多彩，旅游消费稳步增长，经济社会效益更加明显。

具体而言，在番禺区和广州市层面，突出作为历史文化和乡村文化底蕴深厚的岭南民间艺术之乡和近郊旅游区的定位；在珠三角和广东层面，突出作为以岭南文化和休闲旅游为重点的旅游胜地和区域性旅游新亮点的定位；在全国层面，突出作为岭南文化代表地的国家级历史文化名镇的定位。

二、总体规划与布局

根据沙湾城镇发展新定位，针对区内旅游资源结构和旅游功能的差异进行总体布局，对镇域内旅游产品的主题功能、区域格局实行全面宏观调整，树立沙湾文化旅游的整体形象，以取得规模经济效益。文化是沙湾旅游资源的精髓，沙湾极具岭南特色的建筑文化和民俗文化是沙湾发展旅游业的核心和依托。生态资源是沙湾的特色之一，优美的环境、山水的动静结合是沙湾旅游的活力所在，因此应重点发展文化旅游、生态旅游、休闲旅游和商务旅游。

在旅游区域规划上，从自然、经济、文化、交通和区位出发，以沙湾镇域内的交通线路和旅游资源分布为依托，合理配置镇域景区的资源互补和接待能力优势，组建“城区—镇域”与“资源—市场”共轭型地域空间综合体，形成以沙湾古镇历史文化街区和紫坭岛为中心的“双核三区七园四广场，一带一廊一道贯全境”的总体布局（如图4.1所示）。具体而言，“双核”即古镇文化核心区、紫坭岛核心区等两个核心（重点）旅游区，“三区”是指紫坭都市园林旅游区、滴水岩山水生态旅游区、珠宝产业园旅游区，“七园”是指龙狮公园、龙湾涌湿地公园、糖工业遗址创意园、滴水岩森林公园、宝墨园—南粤苑、紫坭都市农业园和沙南花卉园等7个主题公园，“四广场”是指音乐广场、美食广场、水乡广场和沁兰广场等4个大型广场（详见表4.1）。

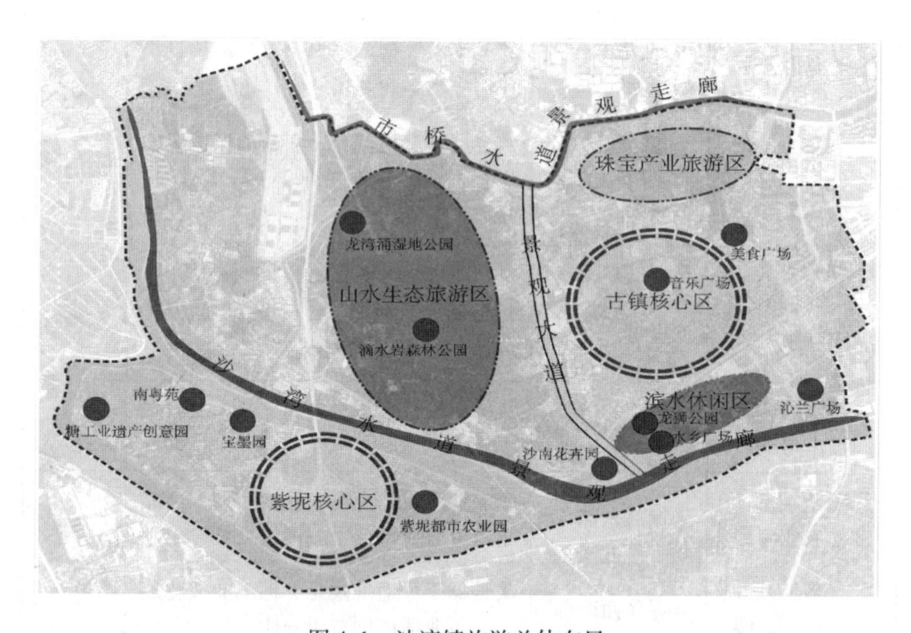

图4.1　沙湾镇旅游总体布局

表4.1 “双核三区七园四广场”一览

类别	项目名称	区位	功能	备注
双核	古镇文化核心区	历史文化街区	集游览、文化休闲、民俗体验于一体，传承历史文化、保护文物古迹	已部分建成
	紫坭岛核心区	紫坭岛	集岭南园林、生态体验、都市农业和工业遗址于一体	已部分建成
三区	山水生态旅游区	滴水岩森林公园及周边区域	集休闲、观光、健身、生态保护于一体	
	珠宝产业园旅游区	沙湾珠宝产业园	尝试将旅游业与珠宝产业融合，集珠宝生产、销售和文化于一体	
	滨水休闲旅游区	市良路以南区域	市良路与沙湾水道之间，以水乡生态观光、游览、休闲为主	
七园	滴水岩森林公园	滴水岩	以现有的森林公园为基础，建立鸟类保护中心、定向越野、野战基地、名木园等，集观光、休闲、娱乐和教育于一体	
	龙狮公园	市良路以南、大巷涌以西	建立水乡广场、飘色场、醒狮场，集休闲、娱乐和文化展于一体	
	龙湾涌湿地公园	滴水岩森林公园西侧至龙湾涌	整合周边湿地资源，恢复和保护湿地生态资源，集观光、休闲、教育于一体	
	沙南花卉园	市良路以南、沙南村	种植、销售岭南各类花卉果木，建立相关展馆，集休闲、教育、商业于一体	
	宝墨园—南粤苑	紫坭岛西北部	集岭南园林、清官文化、艺术品收藏于一体	已建成
	紫坭都市农业园	紫坭岛东部	集农业观光、生态农业生产、农产品销售与农业科技于一体	
	糖工业遗产创意园	紫坭岛西南部	集蔗糖工厂遗址观光、糖工业文化展示、工业遗产创意于一体	

续上表

类别	项目名称	区位	功能	备注
四广场	音乐广场	古镇历史街区、清水井以东	集广东音乐文化展示、休闲娱乐、教育于一体	
	美食广场	安宁东	饮食、娱乐于一体	
	水乡广场	市良路以南、大巷涌以西	展示珠三角水乡风光，水产养殖、疍民文化	
	沁兰广场	市良路以南、西环路以西	以兰花种植、培育、销售和兰花文化传播为特色	

“一带一廊一道”贯全境中的“一带”是指纵贯沙湾中部的景观大道，按照旅游美学理念和旅游功能要求设计的景观大道本身和两侧地物形成具有特色的景观地带。“一廊”是指在环抱沙湾镇的几条重要水道（包括沙湾水道、市桥水道、紫坭河等）上建立滨水长廊，营建滨水景观。“一道”是指绿道建设。绿道旅游是广东特有的、靓丽的旅游品牌，游绿道、看美景、享受幸福生活已经成为珠三角地区人民群众日常生活的一部分，开启了大众旅游的新时代。绿道为广大市民提供了一种低碳出行和新的休闲方式，成为大家亲近大自然、改善生活品质的便捷途径。根据《珠三角绿道网总体规划纲要》，番禺区、沙湾镇也制定了相应的绿道网建设目标，并结合农田水网的岭南水乡特色和城市道路系统，按照“以环带面，以链串珠”的策略，将文化中心大学城、生活休闲中心亚运城—海鸥岛与生态中心大夫山森林公园通过“一环三片”的方式串接起来，并连接宝墨园、余荫山房、莲花山、大夫山、滴水岩等人文自然景点。

三、重点项目策划

（一）古镇核心旅游区

沙湾古镇始建于宋代，拥有800多年历史，以留耕堂及安宁西街、车陂街等为主体的历史文化街区集中反映了沙湾古镇的历史、建筑文化、宗教信仰、宗族文化、商业文化、名人民居、生产民俗、广东音乐及飘色艺术等。充分挖掘其历史文化、民居祠堂建筑、民俗风情等旅游资源，建立集古街巷游览、文化休闲、民俗体验于一体的古镇文化旅游区。该区按AAAAA级旅游景区标准进行规划建设。

以历史文化街区为主体的沙湾古镇核心旅游区的首期工程现已基本建成并正式对外营业。根据目前的开发经营情况及旅游业规划发展的总体要求，旅游区应该做好以下几个方面的工作。

以留耕堂的开发为基础，全面展示和深入发掘广府祠堂文化，整合古镇其他祠堂，建立广府祠堂文化生态博物馆。以“祠堂文化留耕传，龙狮乡俗四时现”为主题，进一步整治周边环境和祠堂内部空间及活动设计。用更丰富的实物和图文展示沙湾古镇及何氏家族的发展演化历史，通过人物的现场表演和活动设计展示沙湾的特色民间艺术、文化，比如飘色艺术创作、雕刻、绘画、音乐等。

在安宁西街和车陂街等古街巷，根据各类建筑的不同年代和风格进行相应地修缮，形成能反映沙湾发展历史和岭南建筑文化演绎历史的宋、元、明、清、民国时期等风格各异、相对集中成片分布的街巷建筑；开办具有本土特色的酒吧、餐厅及商店；开发具有本地特色的旅游商品（用本地原材料制作的各类工艺品、生活用品，或者造型、主题与本地文化相关的商品）。

建设音乐广场，感受粤韵源流；品沙湾市井风情，展示音乐文化和地方民俗风情场所，同时具有节庆活动、民俗展演、特色商业、历史文化观光和旅游集散功能。将广东音乐发展历史及代表人物、乐曲以雕塑、图片、实物进行展示，为音乐爱好者提供表演、交流场地，人们可在此休闲、体验。

安宁东美食广场以大众美食为主，打造“食在广州、味在沙湾”的形象，功能上兼顾历史文化街区的东入口及游客服务中心整体打造。

提高社区人员参与旅游开发的积极性，让他们分享旅游经济收益，充分意识到旅游开发的意义特别是社会文化意义，从而全方位支持、配合、投入到古镇旅游开发中来。

（二）紫坭岛核心旅游区

紫坭岛位于沙湾南部，四面环水，自然环境优良，土地相对丰裕，拥有宝墨园、南粤苑、鳌山古庙、紫坭糖厂等旅游资源，现已建有国家

AAAA 级景区宝墨园—南粤苑。通过资源整合和深度开发，以旅游岛为开发定位，按 AAAAA 级旅游景区进行功能配套和生态环境的保护利用，完善酒店餐饮娱乐设施的建设，合理开发生态农业、古建筑群、村落等旅游资源，建成集岭南园林观光、都市农业、文化休闲于一体的旅游岛。

主要的项目是宝墨园—南粤苑配套工程、紫坭都市农业园、糖工业遗产创意园、鳌山古庙文化区、商业文化步行街等。

1. 宝墨园—南粤苑的深度开发

通过片区整合，借助业已建成的宝墨园、南粤苑等特色园林，突出岭南文化特色，整体打造岭南都市园林群落的综合形象，进行深度开发和配套服务设施的建设。

配套设施包括周边环境的整治、公共空间的置换、酒店餐饮服务设施的建设、商业街的建设、社区公众的参与、民间艺术展演及绿道的建设。

注重乡村民俗文化氛围的营造，将乡村旅游与文化旅游紧密结合起来，使游客在欣赏精巧的岭南园林和美丽的田园风光的同时，充分体验沙湾丰富多彩的广府民俗文化，挖掘传统文化和民间习俗，如乡村民居、村民生活方式、岭南的乡村戏曲、武术、杂耍等。

打造独立式、离岛型乡村旅游地，注重在精神上的享受和需求，满足游客对高层次旅游体验的需要，从而提升乡村旅游的内涵。

规划建设四星级以上酒店 1 家，经济型酒店及民间客栈一批，以满足休闲度假旅游市场的需要，改变当前观光型、一日游现状。星级酒店的建设以田园风光为主题，经济型酒店则应风格朴素、适宜家庭度假休闲。

建设广府民俗商业文化步行街，向游客展现广府传统民俗文化，方便游客购物，游客通过参与，体验当地传统的商业气氛。

充分利用珠三角区域绿道建设契机，结合紫坭岛内旅游线路，建立岛内相对独立且又与岛外接连起来的环岛绿道系统，满足人们骑行、健身、观光的需求。

2. 紫坭都市农业园

该区位于紫坭岛东南部，地跨紫坭、三善两村，可规划面积 1000 余亩。目前，该区农业用地以水产、花卉、蔬菜为主，地处二级水源保护区，水利灌溉便利，东新高速穿境而过，交通十分方便，具有发展都市生态农业的良好条件和基础。

规划百花园、果蔬园、稻香园、现代科技农园、基塘水产养殖园、市民耕作园、农耕馆和展销中心等功能区，打造集生产、销售、观光、集散、展示与科普教育于一体的“现代农业+生态观光+生活体验”模式的都市农业旅游区。

（1）百花园。利用相对丰富的土地资源和花卉生产技术，种植桂花、菊花、郁金香、樱花、玫瑰花、茶花、迎春花、杜鹃花、牡丹花、月季花、紫薇花、木槿花、芙蓉花、石榴、红枫花、蜡梅等各种以花朵为主的草本和木本植物，通过科学合理的设计和安排，让园区一年四季鲜花不断，打造成为名副其实的“花花世界”“花的海洋”，充分展示花城广州的魅力与内涵。各种花卉植物分片种植，成林成片，形成规模，特别是玫瑰花、桂花，至少10亩，打造成岭南摄影特别是婚纱摄影基地，甚至可以成为影视拍摄基地。

（2）果蔬园。将现有的果园和菜地进行适当整治，成片种植荔枝、龙眼、杧果、火龙果、香蕉和木瓜等具有广东特色的果木，以及生菜、芥菜、菜心、草莓、番茄等各类绿色蔬菜，形成集生产、观光、体验于一体的休闲农业园区，园内水果蔬菜既可以供观赏、品尝，又可以现摘现卖，即时采摘出售，还可以出租给游客，开展农事休闲体验活动。

（3）稻香园。水稻是珠三角地区的传统粮食作物，但近年来由于乡村城镇化的发展，稻作土地日益减少，人们特别是青少年对水稻耕作文化以及有机大米的生产过程缺乏必要的感性认识。此处辟出100亩左右的土地，开发稻香园，主要种植水稻，另外还种植玉米、大豆、番薯等粮食作物。水稻种植区除了按正常的农事季节安排种植各种水稻外，还特别将一部分稻田分成若干块，打破农事季节时序限制，利用珠三角良好的气候和水利条件，一年四季同时显现水稻生产的不同阶段、不同景观，从翻地、播种、插秧、中耕、收割、大米加工等各环节展示稻作文化，从而展现全年绿不断、四季稻花香的场景。水稻种植采用高新科技生产有机稻米，展示有机大米生产过程的科学性、生态环保性和卫生安全性。

（4）现代科技农园。建温室大棚，采用无土栽培、滴灌技术、基质、水培等现代种植方法，利用电控装置、电脑自动控制等先进设施和科学技术栽植各类蔬菜、水果和花卉，展示现代农业高新技术，形成集生产、观赏、休闲和科普教育于一体的农业园。

（5）基塘水产养殖园。基塘是珠三角传统的农业模式，有桑基鱼塘、蔗基鱼塘、果基鱼塘、菜基鱼塘和花基鱼塘等多种类型，通过对现有鱼塘的整治，分片营建上述各类基塘景观，将种植和养殖良好地结合起来，既传承和弘扬本地传统农业模式，又发展现代立体种养技术。利用鱼塘开辟观鱼塘区、垂钓区和捕鱼区，让游客体验独钓和捕鱼的乐趣，恢复岭南原有的桑基鱼塘群落风貌，以观赏、认识各种水产和渔具与一系列捕鱼活动相结合，再配以别致荷塘竹楼等特色渔家住宿。

（6）市民耕作园。园内开辟实验体验田，开展种植、养殖等各项农业生产，游客参与其中的生产活动，体验农事活动的辛劳和农作物收获的喜悦。同时，将园区的一部分土地或作物租赁给游客，供其闲时来此耕作，忙时交由园区员工打理。游客通过干农家活、吃农家饭、住农家屋等活动及亲子活动，体验农耕文化，接受科普教育。

（7）农耕馆。收集和陈列水车、犁耙、箩筐、收割机等各种农具及农用机械，以实物、图片、文字和影像作品等形式展示珠三角的农业历史和农耕文化。

（8）展销中心。展示并销售本区生产、加工的各类农产品，如有机大米、无公害蔬菜、生态水果和水产品，也可以以此为集散地，展销按本区生产技术，由外地（基地）生产、调配过来的有机农产品。值得说明的是，一定要确保此类商品的质量，做到货真价实，树立品牌意识。

3. 糖工业遗产创意园

紫坭糖厂建立于1953年，占地36万多平方米，迄今已有65年历史，是中华人民共和国成立后我国自行建设的第一家拥有自动化榨糖生产线的国有企业，也是番禺境内最早的大型国有企业之一，现已停产多年。厂区保留了20世纪50—90年代4个不同时代的厂房，许多具有重要的文物价值。其中，苏式（仿苏联）建筑风格的办公楼和宿舍楼特色明显，为混合结构，双坡悬山顶，屋顶为木梁架上铺瓦面，外墙为黄色石灰涂饰，首层前廊有圆拱形装饰。这类风格的建筑在广东省非常少见。

以紫坭糖厂为基础，经过保护、改造和创意包装，建立蔗糖工业博物馆，展示具有文物价值的建筑和自动化榨糖生产线等机器设备，以图片、文字和实物等方式展示珠三角制糖工业发展史。同时，引入各种创意产业，打造工业创意产业园区。让游客在参观、休闲、体验、互动中领略珠三角工业发展历程，从而带动沙湾工业旅游，拉动城市文化创意产业发展。

4. 鳌山古庙文化区

本着修旧如故的原则，对现存的鳌山古庙群进行修复和保护，并对其周边环境进行综合整治，恢复古庙群的应有功能，同时置换部分公共空间，以广府庙宇文化为主题，通过图片、文字、实物及人文活动展示广府庙宇，了解神灵的分类、特点、祭祀、起源和演变等文化源流，建立广府庙宇博物馆，充分利用古庙群的宗教、民俗、建筑文化功能，策划祭祀、朝拜等一系列文化节庆的体验性活动。

（三）滴水岩山水生态旅游区

滴水岩是番禺区西部生态主廊道的重要组成部分，也是广州市沙湾镇—海鸥岛南部生态走廊的有机组成部分，森林茂密，自然环境优美，有“鸟类的天堂、野生动物的乐园”之称，可开发为集观光、休闲、健身、疗养、素拓和商务会议于一体的生态旅游区。

主要项目策划有滴水岩森林公园、龙湾涌湿地公园、生态度假酒店及会议中心、广州番禺职业技术学院校园景区、山情野趣素拓基地等。

1. 滴水岩森林公园

滴水岩内的青萝嶂—红萝嶂是沙湾最主要的山地，也是沙湾镇的制高点，滴水岩森林公园现状植被以人工林为主，林地面积约400公顷，其中，马尾松林39.7公顷，湿地松林43.2公顷，松桉混交林133.8公顷，桉树林94.5公顷。1997年在此建立滴水岩鸟类自然保护区，并于2000年12月经广州市林业局同意，建立滴水岩森林公园。

对森林公园内的现有资源和景点进行有机整合，改造、增加游客步道及一些新的休闲、旅游项目，形成集森林游赏、鸟类观赏、生态观光、消暑休闲、登山健身运动等旅游项目于一体的综合性森林公园。同时，从空气负离子、植物精气、细菌含量等方面对园区展开旅游资源环境定性定量测评，提高园区的知名度和影响力。

营建鸟类保护区。依托现有的鸟类自然保护区，新建基于生态保护的森林大鸟笼、鸟知识廊道等景观，形成集鸟类栖息、保护、观赏、娱乐与科普教育于一体的生态旅游区。森林大鸟笼，将数十亩森林用特制的钢网圈围起来，形成一个庞大的鸟笼，笼内放养鸽、鹊、雀等各种适于森林环境栖息的鸟类，人步入其中，可与近距离观鸟、喂鸟、戏鸟。在游步道两边和较开阔的林间，以实物、图片、文字等各种形式展示有关鸟的分类、习性、鸟的价值及保护等知识，加强人们对鸟的认识和科普知识。

建立大型定向越野运动区。定向越野是指利用一张详细精确的地图和一个指南针，按要求到访地图上所指示的各个点标，以最短时间到达所有点标者为胜。该运动是一项非常健康的智慧型体育项目，要求智力与体力并重，通常在森林和郊外进行，它不仅能强健体魄，而且能培养人在体力和智力均受到压力下，果断决定、独立解决问题的能力，以组队形式参加则能增强团队沟通合作精神。近年来，这种集休闲旅游和健康运动于一体的运动逐渐成为人们休闲健康生活的新选择。

利用滴水岩森林公园内大面积的林地及相对复杂的地形，按照定向越野运动场地的基本要求，建立广州乃至华南地区最大的定向越野运动和训练基地。

建立珍稀品种树园，在青峰山南侧山体选择适合本地水土条件下的世界珍稀名木，建立珍稀名木大观园，集休闲、观光、教育、生态于一体。

2. 龙湾涌湿地公园

龙湾涌两侧，依托在建的湿地公园，以现有的成片鱼塘为基础，整合周边湿地资源，恢复和保护水乡湿地生态资源，连成规模较大的综合性湿地公园，主要功能是湿地生态展示与河段观光游憩。建立水生植物观赏区、鱼类观赏区、鸟类观赏区、水上游船线路和科普馆。

（1）水生植物观赏区。在现有湿地景观的基础上，通过整治和改造，种植水松、水杉、红树林、荷花、芦苇、菖蒲、睡莲、满江红、水黄皮、金鱼藻、乌菱等植物，形成较大规模的湿地植物观赏区。

（2）鱼类观赏区。通过对现有鱼塘的改造与利用，以基塘等珠三角独特方式养殖鲩鱼、鲈鱼、鳜鱼、鳗鱼、水鱼等具有较高经济价值的传统鱼类外，还建设专门的鱼池养殖鲤鱼、锦鱼、鸭嘴鱼等观赏性鱼类，同时收集、展示中华鲟、娃娃鱼等珍稀鱼种。

（3）鸟类观赏区。当湿地环境和湿地植物营建到一定规模和程度后，便自然成为湿地动物特别是候鸟的栖息地，同时，也可人工养殖一些适于湿地生活的其他鸟类。

3. 度假酒店与商务会议中心

番禺水泥厂遗址及附近地块位于滴水岩南麓、市良路北面、景观大道西侧。此处交通便利，背山面水，环境优良，可以通过用地置换，招商引资建设四星级以上的酒店及商务会议中心，并以产权酒店模式进行经营管理，形成综合型生态度假酒店区。

经营管理模式采取主楼+附楼的形式，主楼由企业投资管理，附楼采取产权式酒店经营管理。主楼按四星级以上标准设计，配套大中小会议室若干，能承办大型会议、商务谈判、团体与家庭度假。在酒店附近建立能满足休闲度假市场的高尔夫球练习场、网球场等休闲健身娱乐设施。

4. 广州番禺职业技术学院校园旅游

高校校园旅游是一种新兴的旅游项目，它将休闲与修学、文化结合起来，是青少年和学生家长非常热衷的假日休闲方式。位于青山湖的广州番禺职业技术学院，是我国首批示范性高等职业技术学院，拥有学生1万多人，教职工700余人。近年来来，该校办学质量稳步提升，学校知名度和影响力大幅提高。前来参观交流的区内外人数成千上万，可将其作为一旅游项目纳入沙湾镇旅游布局的整体规划与市场推介范畴。

具体的开发路线可以是，番职院休闲一日游：东门—体育馆—罗马广场—虎口—图书馆—设计学院—陶吧—宿舍楼—游泳池—西湖—风雨操场。夏令营修学游：正门（东门）—体育馆—青山湖—东区生活区—英语角—罗马广场—教学楼（六号楼、实训楼、四号楼）—办公楼—图书馆—艺术学院—青萝陶吧—七号楼—网球场—青年旅馆—西区生活区—风雨操场—后门（西门）。周末家庭亲子游：正门（东门）—体育馆—青山湖—滴水岩—烧烤场—图书馆—陶吧—网球场—风雨操场—青年旅馆。

5. 山情野趣和户外拓展区

在滴水岩北部，原为广游二支队队部，现为番禺区国防训练教育基地，此处地形复杂，森林茂密，河湖交错，水道蜿蜒曲折，可以以“山之情、野之趣”为主题，利用自然原生态的山地，整合国防训练教育基地及周边资源，策划一系列乡村野趣、体能训练、军事训练项目，建立山情野趣户外休闲区。通过森林野战、越野竞赛、军事体能训练、自行车和登山等多种形式的活动，令游客充分领略该区森林景观、军事训练和山野情趣等特色之处。

户外拓展训练区，以业已建成的历奇山庄为基础，并对其进行适当扩建和提升，扩大规模，提高档次，增加营内拓展训练设施与项目，整治周边环境，建设与之配套的停车场、餐饮和购物场所，并加强宣传营销与市场推广。

此外，在滴水岩森林公园内建立环山绿道。整合现有的旅游步道，因地制宜地增设休闲步道，形成该区系统化的休闲环线，即环山生态绿道，通过景观化设计串联园区内各景点。打造生态型绿道，使之成为空间相融、功能互补的新旅游产品组合线路。

（四）珠宝产业园旅游区

沙湾珠宝产业园是广东目前最大的金银珠宝加工区，规划面积1000亩，首期开发了338亩，建成了数十幢厂房、宿舍及一栋综合办公楼，配套海关、外经、银行、检测、押运、报关公司等机构和职能部门，从企业成立公司的报批、海关合同备案、核销以至货物的通关、查验、押运等均可在园区综合办公楼内完成，可为企业提供“一站式”服务。园区内有持牌单位有25家，从业人员1万人，年出口交货值7亿美元，占全镇出口交货值的85%；进口总值4亿美元，占全镇进口总值的90%。

按照产业融合的规划理念，将珠宝产业与旅游产业深度融合，以“南中国珠宝之都，旅游购物天堂”为主题，做大做强珠宝产业，建成集珠宝设计、研发、加工、展示、销售及文化传承、旅游休闲于一体的珠宝旅游产业融合创意园。

主要项目：建立珠宝生产展示区、珠宝文化展播中心、DIY珠宝中心、珠宝古玩沙龙及珠宝销售中心。

珠宝生产展示区，在产业园入口处选择2～3家企业，以开放和半开放式形式，以全部敞开或以玻璃窗分隔等形式，将珠宝生产从设计、制作、加工到美化包装的全过程向游客进行展示，供游客参观，并配备专业人员向游客进行解说。

珠宝文化展播中心，依托沙湾珠宝产业园，展示广东珠宝产业发展史、生产工艺技术与设计创新，利用珠宝产业园的场地、环境和知名度，与旅游功能充分融合，举办珠宝博览会、珠宝设计大赛等节事性的珠宝文化主题活动，在传播珠宝知识、科技和珠宝文化的同时，让游客了解沙湾珠宝产业园的企业风采和广东珠宝文化。

DIY珠宝休闲中心，依托和按照珠宝产业园中珠宝加工企业的设备和生产流程，利用珠宝工艺技术与设计创新，让游客自己动手设计珠宝，操作珠宝制作设备，亲手加工制作珠宝，使游客深入体验珠宝生产的每一个环节，开发休闲旅游新场所。

珠宝古玩沙龙，依托沙湾珠宝文化，整合岭南珠宝古玩资源，以收藏、展示、拍卖古玩珠宝为主题，以珠宝文化交流为论题定期开展珠宝交流沙龙活动。

珠宝销售中心，建立大规模的、豪华的珠宝商场和销售橱窗，展示和销售各类珠宝首饰，形成集展览、销售、旅游观光购物及售后服务于一体的大型珠宝中心，力争成为华南甚至全中国最大的珠宝展示、批发和零售中心。

（五）滨水休闲旅游区

在大巷涌西侧，市良路以南，沙湾水道以北，此处河网交错，水域面积辽阔，可建立岭南水乡特色、体现沙湾文化的滨水休闲旅游区（包含规划中的龙狮公园）。

主要建设项目有龙狮公园、水乡广场、沙南花卉园、沁兰广场、滨河绿道与景观走廊。

1. 龙狮公园

为展示和传承沙湾传统的龙狮文化，并为公众提供与之相关的休闲娱乐场地，规划建设龙狮公园，可选址于市良路以南、大巷涌以东，与沙湾古镇隔路相望，是沙湾未来大型的综合性文化休闲公园，可供上万人集会、活动。它以岭南水乡和沙湾传统（舞龙和醒狮）文化为主题，设计建立龙狮绿篱迷宫、文化观演舞台、醒狮广场、瓜果长廊、亲水长廊、荷塘月色、水上飘色、水上舞狮、爱情岛、波光湖、龙须广场、露天运动场、科普展览馆、儿童欢乐园、开心农场、游船码头等。

2. 水乡广场

在龙狮公园南侧、沙湾水道北岸设计建立水乡广场，以南部滨水的生态观光、农事活动、民俗体验、农庄休闲、水乡活动等旅游项目为核心。因地制宜，创造特色，恢复岭南原生态水乡景观风貌。重点通过参与性、体验性活动项目策划，让游客身临其境地感受水乡农家、渔家生活乐趣。

建立疍民及水文化博物馆。疍民是珠三角最具水乡特色的民系，他们临水而居，以船为家，以渔为业，拥有特殊的生产生活习惯。古代沙湾曾生活着许多疍民。规划建设疍家民俗展示广场，展览疍家船屋，表演疍家婚俗，演播（学唱）疍家咸水歌。围绕珠三角疍民文化、沙田围垦、水系结构、水资源利用、龙舟竞渡等主题用相关实物、图片及3D影院等现代技术展示珠江三角洲的水乡特色及水土利用历史和文化。

3. 沙南花卉园

在市良路以南的沙南村，以现有花卉种植场为基础，扩大、整合，形成一定规模的花卉园。借鉴顺德陈村花卉世界的经营模式，将花卉产业与旅游产业深度融合，建立集花卉种植、科研、生产、销售、休闲于一体的大型花卉博览园。同时举办迎春花市、花木论坛，将花木生产等第一产业向第二、第三产业转化升级。

4. 沁兰广场

兰花是沙湾的四大文化品牌之一，沙湾人清代就已大规模种植兰花，乡民爱兰、赏兰、品兰者众多，以达修身养性，风雅怡情，代代相传。如今，无论在种植技术、品牌知名度，还是在市场占有率、经济效益等方面，沙湾兰花在广东省乃至全国都有相当大的影响力，拥有许多优质品种，多次在省内外大型花卉交易会/博览会中摘取桂冠，沙湾也由此获得中国兰花名镇称号。

该广场以兰花及兰花文化为主要开发对象，建立集兰花种植、销售、展览、观赏、科普教育于一体的南中国大型兰花广场。选址于市良路以南、西环路以西，设立兰花种植区、名优品种展示区、兰花文化展览馆、盆景观赏及休闲娱乐区等功能区。

兰花种植区，将现今分散的兰花种植户集中起来，形成连片分布、规模化经营的大面积种植区，面积至少300亩，从育种、培植、施肥除虫到翻盆分株，实行传统技术与科技创新相结合的种植区。名优品种展示区，将具有沙湾特色的兰花品种、历届参展获奖品种以及从各地收集到的名优品种集中进行展示、销售。兰花文化展览区，以室内与室外、实物与文字、图片相结合的方式，展示中国博大精深的兰花文化，包括兰花的生物特性、种植技术、器物工具、文化寓意、历朝历代的咏兰赋诗、文艺作品、奇闻趣事以及品兰香、插花、赋诗词等表演艺术活动。盆景观赏区，展示除兰花以外的其他花卉盆景，并提供盆景生产技术、艺术培训及盆景销售。休闲娱乐区，供兰花爱好者及公众集会、结社、举办论坛以及开展绘画、摄影等。

5. 滨河绿道与景观走廊

沿沙湾水道（以及市桥水道、龙湾涌）建设滨水绿道和休闲景观，将河道、河堤进行整治，在河堤上建雕塑、景观小品等，也可选择部分较宽的河道建立滨水栈道，形成滨河景观走廊。

滨江景观休闲长廊的建设要求是，利用现有路堤，通过景观化设计，配套旅游休憩设施小品，建立滨水栈道。利用环行水廊，打通该区的水系，形成水上环形景观道，通过不同景观植物的多样化布置来达到移步换景的效果，并考虑景观空间视线的变化与多样性，同时打造滨水绿道。

四、规划的实施与保障

要切实发展沙湾镇旅游，做好旅游规划工作是一个方面，而规划的实施与执行则是更为重要的另一方面。

（一）建立和完善旅游产业发展机制

旅游业是一个产业关联度高，影响面广的产业，其发展需要交通、税务、工商、卫生、公安、教育、文化等多部门的合作与支持，也需要政府、企业、社会和公众全方位的参与。因此，要建立科学的旅游开发组织机构与管理制度，建立和完善“政府推进、市场运作、行业融合、社会参与、区域合作”的旅游产业发展机制。

（二）加强旅游人才的培养和培训

旅游资源和旅游项目是旅游产业发展的基础与前提，旅游服务及管理人才则是旅游产业发展的重要保障，旅游人才是旅游业发展的第一资源，要实施科教兴旅、人才强旅战略，加强旅游人才的引进和培养工程。

目前，沙湾旅游从业人员素质不高，大多只有中专及以下学历，没有受过系统的专业培训，缺乏必要的专业知识与专业技能。旅游企业人员流动性大，专业队伍不稳定，难以适应沙湾旅游大发展之需要。

因此，一方面，充分调动和发挥旅游企业作为人才开发主体的积极性，营造良好的旅游人才成长环境，从国内外引进一批职业操守好、知识广、能力强，具有先进经营管理理念、善于推动旅游产业跨越式发展的高素质人才。另一方面，充分利用镇域内的广州番禺职业技术学院的教育资源，依托该院培养和培训一线员工和管理队伍。

（三）加强旅游产业规划发展的组织实施

镇政府等行政管理部门要通过广告、网络及社会活动等手段，广泛宣传规划，使全社会了解该镇旅游产业的方针政策和发展前景，动员和组织社会各方力量积极参与规划实施，并根据规划的构想完成各个主要项目的旅游开发建设，推进旅游产业的发展壮大，提高旅游产业的经济效益和社会效益。

沙湾镇在各类型、各层次的旅游规划编制和可行性研究等方面已开展大量工作，也取得了一定的实效。全社会都应该关注和切实行动起来，将旅游规划策划方案落实到实处，把旅游产业真正做大做强。

附录1　番禺区沙湾镇国民经济和社会发展中长期规划纲要[①]

番禺区沙湾镇经济和社会发展中长期规划纲要（2011—2020）

“十二五”时期（2011—2015年）是广州市番禺区沙湾镇深入实施广州南拓战略和《珠江三角洲地区改革发展规划纲要（2008—2020年）》的关键期，也是产业升级转型、加快转变经济发展方式的攻坚期，更是创新发展、全力推进现代化新城区[②]建设的蜕变期。“十二五”时期，广州市将进入全面建设国家中心城市的新时期，而广州市番禺区将进入建设宜业宜居的广州市现代化新城区的新阶段，我镇将紧紧围绕国家中心城市——广州和广州市现代化新城区——番禺的发展要旨，以建设和打造番禺中心城区沙湾组团为总目标，立足岭南文化古镇、番禺旅游新城和南广州RBD

① 附录1和附录2的部分由陆明祥、张翠玲和郭盛晖等共同完成，由陆明祥执笔。

② 从广州中心镇向广州新城区发展、升级和转型。

的总体定位，特制定《广州市番禺区沙湾镇经济和社会发展中长期规划纲要（2011—2020年）》（以下简称《规划纲要》），用以引领沙湾镇今后一段时期的发展。

一、发展基础与发展环境

（一）发展基础

“十一五”期间，我镇国民经济和社会发展成就显著，为在“十二五”时期继续保持快速、可持续地发展打下了坚实的基础。

1. 经济持续增长，综合实力跃上新台阶

按2007年行政区域调整后的可比值计算，沙湾镇2010年实现本地生产总值48.2亿元人民币，比2006年增长117.2%；2007—2010年，沙湾本地生产总值年增长率分别是10.11%、13.5%、4.8%和17.1%[①]，也就是说，按可比价格计算，“十一五”期间，沙湾本地生产总值年均增长率约为11.38%（若按当年价格计算约为20.63%）。2010年财政收入2.7亿元人民币，比2006年增长28.6%；两税收入6.5亿元人民币，比2006年增长75.7%。按照当年价格计算，2010年，按全部人口计算的沙湾镇人均本地生产总值约46 978元人民币，约合7000美元[②]。按照产业发展一般规律，沙湾镇已经处于工业化后期向后工业化时期转型阶段，现代服务业必将进一步发展壮大。

2. 产业结构加速调整，第三产业成为主导产业

第三产业对于沙湾镇本地生产总值的贡献，2000年只有22%，2005年也只有31%，但到了2010年已经达到57%。很显然，第三产业是沙湾目前及今后的最主要产业，已经成为沙湾镇经济增长的最主要动力源。“十一五”期间，沙湾镇第三产业比重增加了30%，由2006年仅占27%提高到2010年的57%，产业结构如此加速调整，前所未有（见图一和图二）。

---

① 根据《番禺年鉴》（2008年、2009年、2010年）和《沙湾镇政府工作报告》（2011年3月）。

② 按照2010年年底美元兑人民币的中间汇率6.62计算。

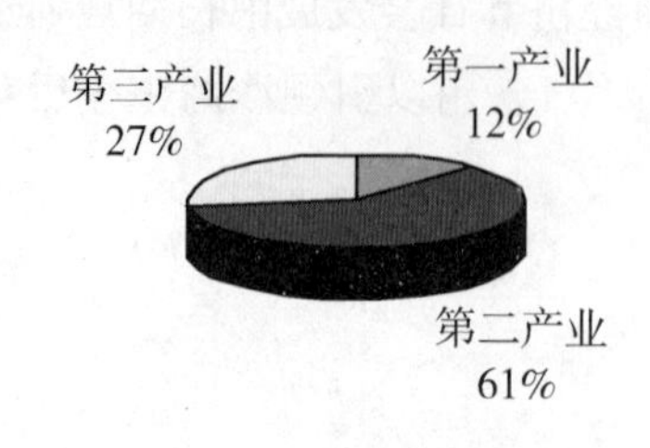

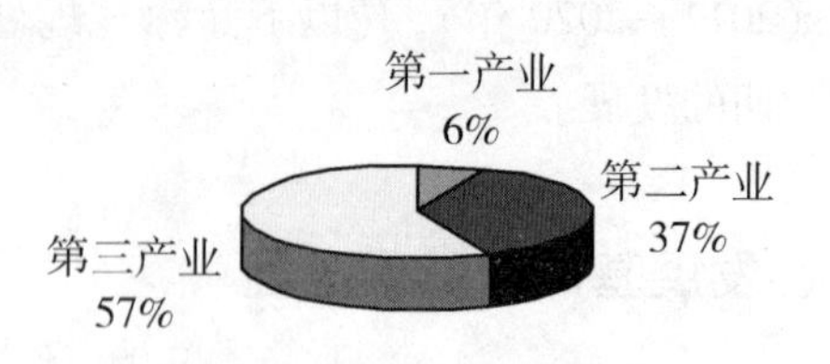

图一 沙湾镇2006年的产业结构　　图二 沙湾镇2010年的产业结构

3. 特色产业明显，自主创新能力增强

首先，沙湾镇特色产业日趋明显。沙湾兰花产区、沙湾标准化奶牛场成为沙湾农业的主要特色；珠宝玉石首饰加工、洗涤洗染机械制造则已成为沙湾工业的主要特色；“三旧改造”项目（如青萝天地）、文化旅游产业（如沙湾古镇、宝墨园、南粤苑等）和房地产（如雅居乐锦官城、博学公寓、金沙湾花园、金沙丽水等）则成为沙湾第三产业的主要特色。

其次，沙湾镇经济的自主创新能力也明显增强。目前，沙湾镇不仅是全区首个广东省专业镇标准化示范点，也已成为全区首个广东省技术创新专业镇，《工业洗衣机》沙湾标准上升为广东省地方标准是最具标志性事件。“十一五”期间，沙湾发明申请公开数46件、发明授权数18件、实用新型授权数134件、外观设计授权数181件，合计379件，在全区各镇街处于前列①。

4. 政府不吝投入，镇村面貌发生巨变

“十一五”时期，我镇重点围绕广州市“中心镇”建设工程、广州市“迎亚运”工程、广州市“创文”工程、“新农村”建设工程等建设项目，沙湾镇的镇村建设和环境再造，因政府不吝投入而日新月异。

2006年实施的中心镇重点项目包括滴水岩森林公园东门广场、体育中心首期工程、体育南路、古镇车陂街保护修复首期、标准化奶牛场、7个村的无二次污染垃圾中转站、供水管道等近10项，镇级投入资金3000多万元。

2007年，为推进社会主义新农村建设，镇选取沙南、紫坭、龙岐、古西村作为试点村，镇财政给予4个试点村300多万元、10个非试点村

---

① 据《番禺日报》2011年4月23日专版文章《实施知识产权战略 转变经济发展方式》。

300多万元的资助。4个试点村共整治道路2000米，新建桥梁1座，街巷硬底化500米，新安装路灯50盏，改造五边地3000平方米，新建村级小公园2个。“双百共建”和“牵手打造试点村，牵手帮扶发展缓慢村”活动，区镇村及共建、牵手单位共投入资金5000多万元，完成村内道路硬底化15条、公园道路绿化项目6个，修建无害化公厕3座、垃圾中转站15个，完善文化室和宣传栏21个。此外，投入5000多万元，合并新建新龙小学（即现在的德贤小学）。继续推进中心镇建设工程，实施古龙路、桃园路、苗圃路、福北路、岗心路改造，重建敬老院，建设垃圾压缩站、标准化奶牛场等。

2008年，6个试点村的9个新农村建设项目，总投资达517.86万元；非试点村（包括区重点帮扶村）有4个项目竣工验收。其他建设项目有：完成龙湾大桥施工图设计，镇中心城区道路改造工程和管网改造设计工作；完成桃园路、苗圃路、福北路、岗心路改造，已建、在建“双百”项目共36个，其中获上级拨款项目24个，下拨区级经费177万，各村基础设施进一步得到完善。

2009年，以迎亚运、创建全国文明城市为契机，全镇以“天更蓝、水更清、路更通、房更靓”为总目标，全面推进“穿衣戴帽”整饰、道路改造、环境美化、绿化整治等工程。其中，投入3050万元完成中心城区主要道路改造下水道排水系统，铺设沥青路面及人行道花岗地砖，更换新型路灯和交通设施等工程。投入近2000万元进行龙湾大桥改造。投入502万元基本完成沙湾大道南示范路改造工程。投入146万多元完成市良路沿线部分建筑立面整改和市良路、西环路环形岛的建筑物灯饰工程。投入近100万元开展西环路、市良路等路段和宝墨园周边的主要建筑物清洗外墙、清拆违章广告和招牌、建造屏风墙、改造厂房外观和架空管线等环境美化、绿化专项整治。镇污水专项整治规工程的截污管网建设，已完成涌口、沙南片设计、施工和招投标准备工作；镇农村生活污水集污管网工程项目的建设，完成相关立项申请和古坝片工程设计方案，古东、古西、龙湾、新洲村进入施工阶段。沙湾水道饮用水源保护区污染源排放口清查工作，清查企业435家。2009年，全镇14个村新农村建设工作共立项38个，“双百共建文明村”立项8个，总投入近2000万元，完成项目27个，整治街巷5086米，安装路灯229支，硬底化道路6586米，绿化村道1250米，建设农村休闲小公园6个，升级改造村级市场1个，建设山体护坡

170 米，改造整治农田 25.33 公顷。此外，完成长 16975 米、13 条道路的路灯建设，安装路灯 485 支。基本完成全镇 19 座危桥的改造重建。

2010 年，迎亚运整治工程如期完工。以迎接广州亚运为契机，投入 9533 万元，强势推进道路改造、人居环境升级、绿道建设、污水支管网铺设、河涌整治等一系列重点工程。完成立面整饰 25 万平方米，立面清洗 20 多万平方米，整治广告招牌 1.2 万平方米，拆除旧招牌近 2 万平方米，绿化升级近 4 万平方米，管线埋地 3.6 万多米，拆除违章建（构）筑物 1.4 万多平方米，高标准完成全长 12.9 公里的绿道建设。完成市良路、大巷涌路、中华大道等全长 13.6 公里的 17 条污水支管网工程建设，配合番禺“惠民一号”工程拆迁安置，如期交付岐头涌（含市沙一涌）、沙陇运河二期等河涌整治工程施工用地，改善河涌景观。新农村建设持之以恒。全镇 14 条村新农村建设立项 27 个，总投资达 1440 万多元。

5. 创新体制机制，政府职能加速转变

“十一五”期间，沙湾镇持续、扎实推进“固本强基”工程，大力实施“三个培养”工程，坚持“三会一课”制度；不断推进镇党务政务和村务公开制度；通过以点带面的方式，潜移默化地实施廉政文化进农村、进社区、进家庭、进学校、进网络、进厂企、进部门“七进”活动。

2009 年，沙湾进一步改革行政审批制度，投入 100 多万元完成镇政务服务中心建设，成为“番禺区镇街政务中心建设优秀奖”的唯一镇级单位，服务中心提供“一站式”便民服务；镇机关、规划国土建设办、劳动和社会保障服务中心等党支部、党员积极参加创建“共产党员示范岗”活动。也是在 2009 年，投入 200 多万元、面积 1000 多平方米的镇综治信访维稳中心启用，实行“综治牵头、部门联动、齐抓共管”。

2010 年，在各村（居）成立综治信访维稳站，建立党员防控体系，实现综治维稳工作重心全面下移。镇综治信访维稳中心和金沙湾社区综治信访维稳站在全省推进镇街综治信访维稳中心建设广州现场会中作为试点推广。坚持依法行政，加强对依法治镇工作的领导和监督，创办镇报《沙湾之窗》，确保民主科学决策和政务信息公开。我镇更定期开展“六长”接访日和镇委书记接访日活动，全年接信访 403 件，办结 397 件，办结率 98.5%，接待群众 779 人次，实现小事不出村，大事不出镇，矛盾不上交。

6. 改善民生卓有成效，“幸福沙湾”逐渐落实

（1）收入。2010年，沙湾镇社会从业人员年平均工资27 909元，比2006年增长64.5%；农民年人均收入12 962元，比2006年增长35.6%。

（2）教育。新建新龙小学（现名为德贤小学，已完成与古坝小学的合并），扩建改造京兆小学和实验小学，重建涌口小学（投入3800多万元），不断完善办学条件，全镇12所公办中小学校全部通过“广州市义务教育规范化学校”终期督导验收，落实上级提高教师收入政策。试行“积分制”解决外来人员子女接受义务教育。

（3）医疗。2009年，按二级综合医院要求，拨款400万元，添置更新沙湾人民医院的设施设备。2010年，投入150万元完善公厕改造、更换镇中心区环保垃圾桶；提高新型农村合作医疗筹资标准，镇村给予二次补贴，并做好查缺补漏和新生婴儿的参保工作，基本实现全覆盖。

（4）社保。2009年，参加城镇居民基本医疗保险20 355人、养老保险655人。参加新型农村合作医疗29 023人，参保率99%。全镇14个村全面完成参加农村社会养老保险工作，参保3465人，是番禺区内最快完成此项工作的镇街。2010年，全年办理老年社保卡502张，为311户低保家庭和五保人员发放区、镇、村三级生活保障金263万元。为370名困难群众提供医疗救助、危破房改造补助、临时生活困难补助、慈善会资助共110万元，向伤残军人、军人遗属等112名重点优抚对象发放抚恤金60余万元，向城乡低保、五保人员、百岁老人等发放节日慰问金7万多元。举办应届毕业生、残疾人及外来员工等就业招聘会4场，提供政策咨询服务2045人次，1802人达成初步用工意向，培训农村富余劳动力659人次。

（二）发展环境

“十二五”时期是沙湾镇提速发展、高端化发展的重要战略机遇期，把握难得的机遇，化解潜在的风险，对推进我镇“十二五”经济社会又好又快发展具有重要的战略意义。

1. 发展机遇

广州全面建设国家中心城市。“十二五”时期是广州国家中心城市建设全面提速、经济社会发展加快转型的关键时期。“率先加快转型升级、建设幸福广州”的核心任务是强化广州国家中心城市的五大功能：国际商贸中心、世界文化名城、国家创新型城市、综合性门户城市、全省宜居城乡“首善之区”。地处广州南部和番禺市桥中心城区组团的沙湾镇，沙湾镇“十二五”时期的商旅发展、文化建设等，不仅迎来新机遇，而且必须具备世界眼光和国际水准；沙湾镇的宜居宜业的城乡建设，要达到全省“首善之区”的极致。

番禺加快建设宜居宜业的广州市现代化新城区。“十二五”时期，番禺将紧紧围绕建设宜业宜居的现代化新城区这一总目标，加快转型升级，全力打造现代产业强区；推进城乡统筹，全力打造绿色生态宜居区；激发文化活力，全力打造岭南文化传承区；创新社会管理，全力打造社会服务管理示范区；增进民生福利，全力推进平安和谐番禺建设；全面提升党的建设科学化水平，为建设宜业宜居的现代化新城区提供坚强有力的保证。到时候，不仅城市的业态和形态要新、要有现代气派，市民的思想观念、生活方式、文明素质都要体现现代化的要求，农村也应该是融合在新城区中的新型农村。所以，这是全番禺的质变、蜕变，是由“蛹”化“蝶”。“十二五”时期的沙湾镇将迎来全面更新、大步跨越的发展新阶段。

沙湾镇已经处在番禺新规、新战略中的高端位置。在“两轴两带六组团”的番禺新规中（如图三所示），沙湾既处在广州南拓的“生活服务轴”线上，也处在番禺中心城区“市桥组团”里及番禺城市功能强化带上，广州重点构建的“国际商贸中心”“世界文化名城”，沙湾都处于它们的中心地带，不在边缘。沙湾将迎来城市发展和城乡建设快步迈向“高端”的历史最佳机遇。

“十二五”时期，番禺区也基本确立“一轴一圈两基地”产业发展新战略。“一轴”即商旅经济发展轴，加快促进广州南站商务区、番禺新城、广州国际商品展贸城及市桥地区综合商贸中心等重要节点联动发展，建设集商贸、金融、会展、休闲娱乐等多业态为一体的现代服务业产业带。“一圈”即创新经济发展圈，发挥广州大学城优势，重点打造以广州国际创新城为龙头，带动番禺节能科技园、清华科技园广州创新基地、华创动漫产业园、巨大创意产业园、中颐创意产业园、沙湾珠宝产业园等共同发展的“一城多园”创新经济发展圈。“两基地”即广州番禺轿车生产研发基地和广州番禺重大装备制造基地，分别将其建成为具有整车、关键零部件设计开发、生产制造能力的综合性研发生产基地和世界级重大技术装备制造基地。沙湾镇处在“一轴”区域，从而迎来商旅经济、商贸中心、现代服务业等大发展的空前机遇。沙湾镇的经济和产业发展也将迈向“高

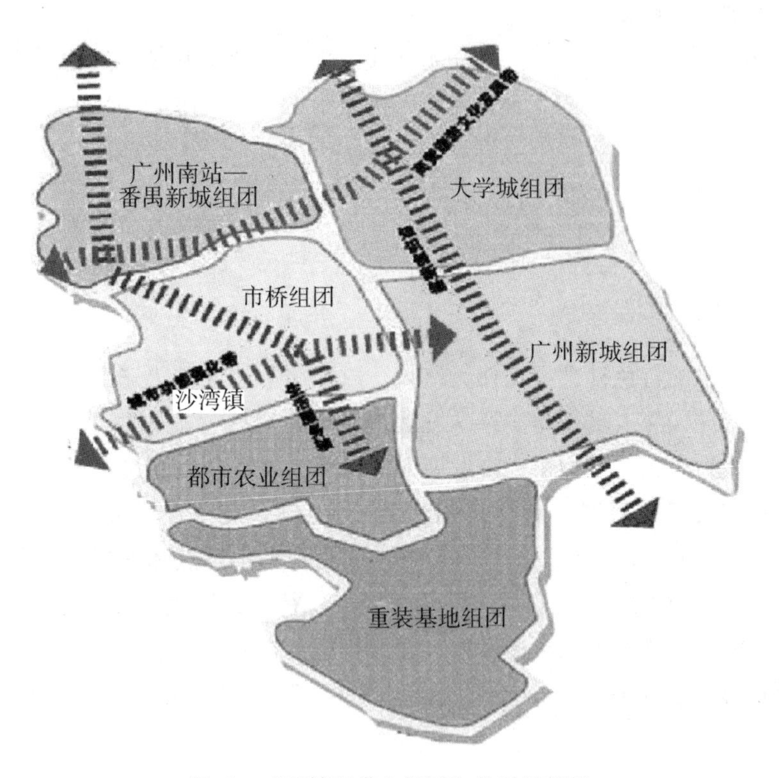

图三　“两轴两带六组团”的番禺新规

端”经济、“高端”产业的新时期。

2. 主要挑战

（1）经济总量偏低。在番禺区所有镇街中，沙湾镇经济总量和经济增速都是处于中游。

（2）发展亮点偏少。在番禺区新一轮跨越式发展潮流中，沙湾镇缺乏亮点，只有星星，没有月亮，有点游离于番禺区高速发展进程之外。

（3）与“现代化新城区”有距离。在番禺中心城区之中，沙湾镇主要局限于“中心镇”的框架在发展，没有真正按照现代化新城区要求进行打造和建设，“村”变“居”、“镇”变“城”、“村民”变“市民”的进程缓慢，水准也不高。

（4）缺少土地资源。土地增量空间极其有限，缺少新增用地指标，严重影响到优质项目的引进和拓展，制约了发展的后劲。

（5）缺少高端服务业。服务业总体发展业态层次较低，尤其是高端服务业发展比较缓慢。

（6）缺少人才资源。人才资源不足，尤其是创业科技、文化、休闲旅游等专业人才不足，产业人口主要以技能型人才、操作工等为主。

二、基本定位、发展目标和主要战略

（一）指导思想

高举中国特色社会主义伟大旗帜，以邓小平理论和“三个代表”重要思想为指导，深入贯彻落实科学发展观，全面实施《规划纲要》，坚持以科学发展为主题，以加快经济发展方式转变为主线，以建设宜居宜业宜游的“广州现代化新城”和“广州名镇”为目标，以科技创新为支撑，以深化改革开放为动力，以保障和改善民生为根本出发点和落脚点，充分发挥亚运后续积极效应，按照“科学发展、先行先试”的要求，率先发展、创新发展、绿色发展、和谐发展，着力打造生态型岭南水乡典范，把我镇建设成为全面实现小康社会的示范镇和率先实现社会主义现代化的先行地。

（二）基本定位

（1）城镇建设的总体目标：通过建设“番禺中心城区沙湾组团”，积极推进宜居宜业宜游的广州现代化新城率先在番禺区崛起和以“绿色生态，岭南水乡”为主题的“广州名镇”的打造及落实。

（2）城镇建设的功能定位：定位为“岭南文化古镇、番禺旅游新城、南广州 RBD”，从而突出发展、强化发展、提升发展沙湾镇的“文化、旅游、休闲”等特色、优势、品牌元素，形成持久竞争力，实现可持续发展。

（3）城镇建设的空间定位：“一镇一山一岛两片区”。“一镇”是指沙湾中心镇区域，以沙湾古镇为核心；“一山”是指滴水岩森林公园区域；“一岛”是指紫坭岛区域；“两片区”是指西环路以东与桥南街连片发展且已纳入番禺中心城区南区规划的东片区和龙湾、新洲、古坝等所在的已被纳入广州南站规划的西片区。

（4）城镇建设的产业定位：构建以商贸商务和休闲旅游产业为主导产

业的现代产业体系，依托特色优势产业，开拓新兴产业，加速推进沙湾现代服务业崛起，成为番禺商旅经济发展轴和创新经济发展圈的新亮点和重要节点。

（5）城镇建设的新标识：绿道（环山滨水的陆上绿道、水上绿道）、公园（龙狮公园、湿地公园、中央生活公园、景区公园和社区公园）和城市综合体（商业综合体即青萝天地和农产品商城等、休闲商务综合体即星级酒店等）。

（三）发展目标

（1）沙湾镇在“十二五”期间发展的基本目标是：主要经济指标在番禺区位置前移，城镇建设亮点频现，产业发展明显突破，商旅经济崛起，创新经济明显进步，初步创造出富有岭南历史文化风情和特色的宜居宜业宜游的社会环境和生态条件，在积极打造“广州名镇”的同时，通过持续、快速推进“番禺中心城区沙湾组团”的建设，努力成为番禺区“商旅经济发展轴、创新经济发展圈”的新亮点和积极推进者。突出的是“优二进三”，主要是“抓提升促转型”。

（2）2016—2020年，沙湾镇发展的基本目标是：商旅经济加速崛起成为主导产业，创意经济和创新经济成为主要驱动力量，已基本完成富有岭南历史文化风情和特色的宜居宜业宜游的社会环境和生态条件的建设，“广州名镇”不仅建成而且持续发挥品牌推动力、影响力，“番禺中心城区沙湾组团”和“岭南文化名镇、番禺旅游新城、南广州RBD”也得以真正建成，成为名副其实的广州现代化新城。突出的是“退二进三”，主要是“提速度求腾飞”。

（3）“十二五”及至2020年发展的具体目标是：

经济综合实力实现新跨越。到2015年，全镇生产总值达到92.8亿元，年均增长14%，三大产业结构产值比重为5∶35∶60；2020年，全镇生产总值达到186.7亿元，年均增长15%，三大产业结构产值比重为3∶27∶70。

产业综合竞争力明显增强。对低效“三旧”用地实施改造，淘汰规模小、效益差、能耗大的企业或污染严重、破坏生态环境的企业，实施土地整合，腾出土地引进优质大项目，重点发展高新技术产业、文化创意产业、商贸流通业、休闲旅游业、康体产业、现代生产服务业等，促进产业结构向低能耗、无污染、高附加值的方向转变。到2015年，高新技术产品产值占工业总产值比重不低于35%，品牌产品工业产值所占比重不低于45%，特色产品产值占工业总产值的比重不低于30%；到2020年，三类比重分别提高至65%、80%和50%。而每平方公里建设用地生产总值，到2015年不低于3亿元，2020年不低于5亿元。

城市业态和品位显著提升。到2015年，城镇绿化覆盖率超过40%，城镇居民人均绿地面积不低于12平方米；到2020年，城镇绿化覆盖率超过50%，城镇居民人均绿地面积不低于15平方米①。沙湾古镇旅游区、西环路商圈、市良路东部商圈、龙歧路商圈、大巷涌商圈基本成型。

社会发展更加稳定与和谐。社会保障水平进一步提高，城镇居民社会保险综合参保率达100%。形成更加完善的社会就业、防灾减灾、社会危机应对机制。简政强镇改革取得新突破，形成更具活力、更加开放的市场经济体系，形成公正透明、廉洁高效、运转协调、行为规范的行政管理体制。社会主义精神文明和法制建设取得新成就，平安社区创建有序有效，社会治安环境进一步好转。

人民生活更加殷实和富裕。城乡居民收入持续增长，生活质量进一步提高，人居环境明显改善。到2015年，城镇居民人均可支配收入、农村居民人均纯收入年均分别增长10%和13%；到2020年，两指标年均分别增长11%和15%。

（四）主要战略

1.“造城”战略

造番禺中心城区之城（沙湾组团）；造番禺中心城区的旅游之城（番禺旅游新城）、广州名镇（中国历史文化名镇）；造南广州的休闲旅游之城、休闲商务之城（南广州休闲商务区即南广州RBD）；将沙湾建设成为“景区镇、公园城”，使沙湾城乡处处呈现景区风貌，走在沙湾就像走在步步有惊喜的公园之中。

---

① 城市绿化覆盖率是城市各类型绿地（公共绿地、街道绿地、庭院绿地、专用绿地等）合计面积占城市总面积的比率。在联合国生态城市的指标中，绿化覆盖率50%为重要一项。城市的绿化覆盖率只有在30%以上，绿地才具有改善城市生态的作用；绿化覆盖率达到40%以上，绿地才具有缓解城市热岛效应的功效；绿化覆盖率达到50%以上，绿地的绿化、美化与人工环境的协调效果将达到最佳结合。

2. “全域景区化”战略

全域景区化就是在所辖全部行政区域内按照景区化的理念和标准规划、设计、建设、管理、经营，推动城乡一体化发展的过程。实施全域景区化战略，就是要让沙湾城乡及其山河实现景区化的规划和建设，呈现景区化的风貌和环境，具备景区化的业态和文化，展示景区化的品牌和形象。具体措施有：以保护青山秀水、营造田园景观、建设景观通道、美化乡村庭院为载体，建设“水域涵养游一体，农家居商旅兼容”的美丽乡村；完善基础设施，凸显文化特色，扩大对外影响，建设“服务个性化、产品特色化、营销一体化”的精品景区，把沙湾古镇景区、宝墨园、南粤苑和滴水岩—龙湾涌湿地公园等打造成AAAAA级或AAAA级景区；以机关单位、企业、学校、医院、社区、家庭为全域景区化的细胞和载体，因地制宜做好净化、绿化、美化和亮化，倡导绿色、低碳、和谐的生产生活方式，构建南广州沙湾人的幸福家园；将旅游景区与商业街两者的功能进行融合提升，按照旅游景区的标准和要求管理和提升改造商业街，促进沙湾传统社区商业街向文化特色街、旅游休闲街等升级发展；按照“园区即景区，商务亦旅游”的理念，升级改造传统产业园区（如图四所示）。

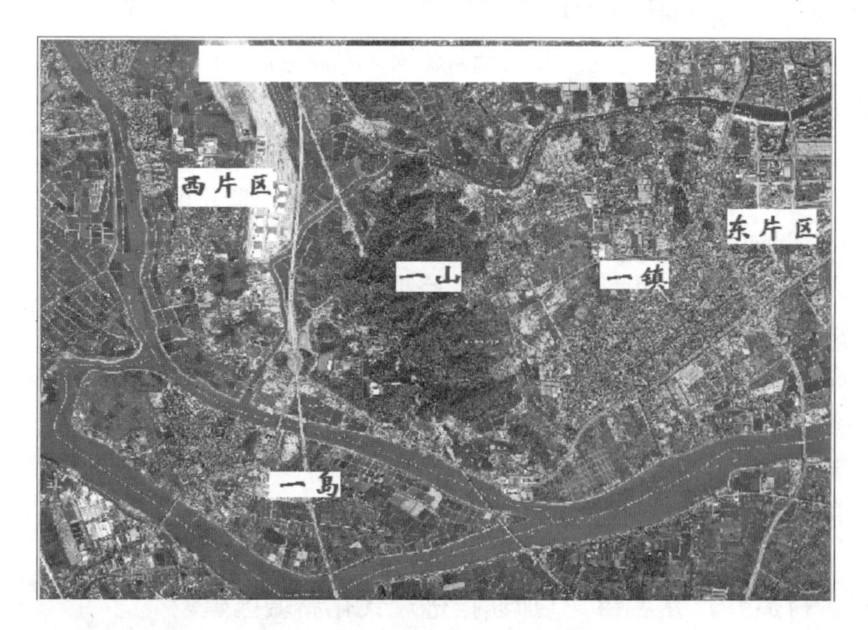

图四　“一镇一山一岛两片区”的沙湾镇

3. “全域公园化”战略

变“在城市里建公园”为“在公园里建城市”，突出抓好绿道建设、城乡造林、河道综合治理、景观水系建设，打造一批高水平的绿化景观，构筑多层次、多元化的生态系统和“花园城市”。通过整治路边、山边和水边环境，保护原生态、原产权、原居民、原民俗，让城乡居民过一种公园式生活；切实保护好原生态森林、植被、水体、湿地、古树名木，保护好历史民居、民俗风情，保护好特色建筑、文物古迹，使整体风貌与原有地形地貌相协调，体现乡村特色，体现自然野趣；推动实现村庄公园化、农田公园化、水域公园化、养殖场公园化、社区公园化、校园公园化、陵园公园化和工业区公园化等。

4. “商旅经济引领”战略

广州打造国际商贸中心和世界文化名城，番禺构筑商旅经济发展轴和打造商旅经济发展中心，“商旅引领”已成为我市我区今后产业经济发展的重要战略；而地处番禺中心城区的沙湾镇，其深厚的历史文化资源、丰富多样的旅游资源及特色经济资源等，都决定沙湾经济必须走“商旅引领”之路，商贸商务及休闲旅游应成为沙湾产业发展的主导方向。

5. “商圈建设突破”战略

总部经济、文化创意产业、商贸流通业、商务业、休闲娱乐业、休闲旅游业、休闲体育和健身业等的发展都会具体落实在商圈的发展和形成上，如总部经济商圈、商贸旅游商圈、文化创意商圈、休闲健身商圈、乡村旅游商圈、文教科技商圈等。按照由东向西推进商圈建设原则，近期应重点建设如下商圈：两个都市级商圈即西环路商圈、市良路商圈，两个区级商圈即龙歧路商圈和大巷涌商圈，完善两个社区型商圈即中华大道商圈和沙湾大道商圈。中远期建设：一个都市级商圈即景观大道商圈和三个区级商圈即岗心路—经述路商圈、青萝路商圈和福龙路商圈。“商圈建设”的突破主要体现在某一类经济或产业的突破性发展，如青萝天地的引入，对于西环路商圈建设是一突破；大巷涌路面、商铺等的改造和更新，对于大巷涌商圈建设是一突破。

三、打造“广州名镇”，加速推进现代化新城区建设

根据2012年3月的区政府工作报告，它明确提出：“将沙湾镇、东涌

镇打造成广州名镇，将石楼镇、大岗镇、榄核镇打造成番禺名镇，将南村镇坑头村、石楼镇大岭村打造成广州名村。通过名镇名村建设，把市政基础设施和公共服务设施向农村延伸，让村镇大变样，特色大提升，将其建设成为城乡公共服务均等化的示范地和宜居村镇的样板。”这对于沙湾镇，无疑是一个难得的发展机遇。

（一）规划统领

组织编制《沙湾镇名镇建设规划》，完成《沙湾镇中心区控制性详细规划》《沙湾土地利用总体规划》的修编，明确镇中心城区地块规划定位为珠江三角洲具有岭南特色的历史文化旅游区。

（二）项目推进

以“广州名镇”建设为中心，加快推进镇中心区名镇建设项目工程的实施。主要有：沙湾古镇打造国家5A级旅游区工程；打造“南广州户外运动圣地”工程（沙湾旅游和户外活动中心建设工程、历奇山庄户外拓展改扩建工程、滴水岩高尔夫练习场工程、沙湾骑行乐工程、沙湾水中游工程、沙湾国防训练基地改建工程、龙湾涌湿地公园工程等）；青萝天地（荔园新天地）工程；沙湾北村名村创建工程；景观大道沙湾段工程；星级酒店和经济型酒店建设工程；龙狮公园工程（沙湾水厂区域）；中央生活公园工程（连通滴水岩森林公园东门广场与留耕堂景观公园）；沙湾汽车客运站工程；沙湾旅游巴士停靠站和公交总站工程；沙湾产业园区升级工程（沙湾珠宝产业园等的升级改造）；沙湾康体运动娱乐城项目；沙湾特色产业总部基地项目；沙湾花卉展贸城项目；沙湾科技工业城项目；沙湾文化创意园项目；等等。

近期，重点考虑以“东片区”高端项目为沙湾商旅经济发展的突破口，加速提升现代化新城区的建设水平。主要建设思路：形成三大商圈（西环路商圈、市良路商圈和龙歧路商圈）；发展四大地块（三桥脚南侧的渔意餐馆所在地块、金沙湾花园以北龙歧路西侧的岐山地块、大莱木业地块和北斗大桥收费站旁西环路东西两侧原旧钢铁市场地块），重点开发建设商贸流通业、酒店业、金融保险业和商务业，形成番禺中心城区南区的都市新地标。

（三）旅游突破

沙湾城镇化建设水平的跃升和产业升级转型的成败，其关键和突破口在于沙湾旅游。“岭南文化古镇、番禺旅游新城、南广州 RBD”，其实关键词就一个，即沙湾旅游；打造“广州名镇”，一言以蔽之，也就是保护和开发好沙湾旅游资源，使沙湾的历史、文化、产业、建筑等元素，在沙湾的旅游经济和旅游产业的发展中壮大、突出和活泛。旅游对于沙湾，就像鱼和水的关系，旅游如果是一潭活水，沙湾这条鱼就能自在地畅游。

首先，沙湾应重点发展文化旅游、生态旅游、休闲旅游、商务旅游等四大旅游产品。

其次，应组建“城区—镇域”与“资源—市场”共轭型地域空间综合体，形成以沙湾古镇历史文化街区和紫坭岛为中心的“双核三区七园四广场，一山两水一道统全境”的总体布局。

具体而言，“双核”是指“一镇一岛”这两个核心旅游区；“三区”是指滴水岩森林公园游览区、沙湾珠宝园游览区和沙湾滨水游憩区；“七园”是指龙狮公园、龙湾涌湿地公园、糖工业遗产创意园、滴水岩森林公园（含东门中央生活公园）、宝墨园—南粤苑、紫坭岛生态农业园、沙南花卉园等七个主题公园；“四广场”是指音乐广场、美食广场、沁兰广场、水乡广场等四个大型广场（如图五所示和见表一）。

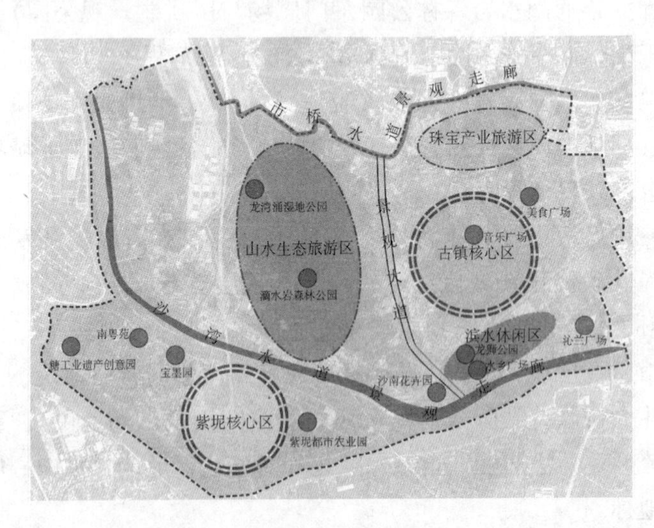

图五　沙湾镇旅游总体布局

表一　“双核三区七园四广场”一览

类别	项目名称	区位	功能	备注
双核	沙湾古镇旅游区	历史文化街区	集游览、文化休闲、民俗体验于一体，传承历史文化、保护文物古迹	已基本建成
	广州沙湾旅游岛	紫坭岛	集岭南园林、生态体验、都市农业和工业遗址于一体	已部分建成
三区	滴水岩森林公园游览区	滴水岩森林公园及周边区域	集休闲、观光、健身、生态保护于一体	
	沙湾珠宝园游览区	沙湾珠宝产业园	将旅游业与珠宝产业尝试融合，集珠宝生产、销售和文化于一体	
	沙湾水道游憩区	市良路以南区域	市良路与沙湾水道之间，以水乡生态观光、游览、休闲为主	
七园	滴水岩森林公园	滴水岩	以现有的森林公园为基础，建立鸟类保护中心、定向越野、野战基地、名木园等，集观光、休闲、娱乐和教育于一体	
	龙狮公园	市良路以南、大巷涌以西	建立水乡广场、飘色场、醒狮场，集休闲、娱乐和文化展于一体	
	龙湾涌湿地公园	滴水岩森林公园西侧至龙湾涌	整合周边湿地资源，恢复和保护湿地生态资源，集观光、休闲、教育于一体	
	沙湾花卉展览园	市良路以南、沙南村	种植、销售岭南各类花卉果木，建立相关展馆，集休闲、教育、商业于一体	
	宝墨园—南粤苑	紫坭岛西北部	集岭南园林、清官文化、艺术品收藏于一体	已建成
	紫坭岛生态农业园	紫坭岛东部	集农业观光、生态农业生产、农产品销售与农业科技于一体	
	紫坭糖厂遗址游览园	紫坭岛西南部	集蔗糖工厂遗址观光、糖工业文化展示、工业遗产创意于一体	

续上表

类别	项目名称	区位	功能	备注
四广场	清水井音乐广场	古镇历史街区、清水井附近	集广东音乐文化展示、休闲娱乐、教育于一体	
	安宁古街美食广场	安宁东	饮食、娱乐于一体	
	古沙湾水上广场	市良路以南、大巷涌以西	展示珠三角水乡风光，水产养殖、疍民文化	
	沙湾沁兰广场	市良路以南、西环路以西	以兰花种植、培育、销售和兰花文化传播为特色	

四、经济发展和产业支撑

沙湾在“十二五”及今后一个较长时期，应构建以商贸商务和休闲旅游产业为核心产业和主导产业的现代产业体系，依托特色优势产业，开拓新兴产业，加速推进沙湾现代服务业崛起，使沙湾成为广州和番禺的休闲旅游旺地和经济活力重镇，成为番禺商旅经济发展的新亮点和重要节点。

（一）都市农业：以休闲观光农业为重点

1. 沙湾农家乐（含渔家乐）

近期以沙湾西村为突破口，科学规划，加快将其建设成为市级乃至省级农家乐特色村，与沙湾古镇、龙狮公园和滴水岩片湿地公园的开发建设联动发展；此外，在大涌口村、三善村、紫坭村、龙湾村、古坝东村、古坝西村、龙湾村和新洲村中选点 2 ～ 3 个，高起点筹建新的农家乐特色村，与宝墨园、南粤苑、紫坭糖厂旅游景区联动发展。中远期，在沙湾形成 2 ～ 3 家省级农家乐特色村，2 ～ 3 家市级农家乐特色村。这些农家乐既有共性又各具特色，成为沙湾农家乐的品牌支撑和特色体现。

2. 沙湾兰花产业园区

以沙湾兰花协会、新洲村和涌口村的三个墨兰种植示范场、番禺区致雅兰花种植农民专业合作社为基础和支撑，成立沙湾兰花产业园管委会或沙湾兰花产业园管理有限公司，以政府投资为导向，通过财政拨一点，向上争取一点，建设一批基础设施，推动重点开发示范，再通过建立村级土地流转中心，实行统一招租，促进区域布局和集约化经营，整合打造沙湾兰花产业园，使其成为南广州现代都市农业示范园区。在龙狮公园西部区块，可考虑建设兰花展示区、兰花销售区和兰花科普区；在涌口村、新洲村、龙湾村、古坝东村和西村等，可考虑建设沙湾精品兰花种植区、沙湾兰花研发区、以沙湾兰花为主的岭南花卉观光区等，并逐步扩大沙湾兰花种植面积。建设的中远期目标：使其成为南广州最知名的也是最大的集兰花开发和培育、兰花生产、兰花科普、兰花展销、兰花观光、兰花娱乐、兰花文化于一体的现代都市农业园区。

3. 沙湾水牛养殖园区

以目前生产生鲜牛乳的广州市番禺区沙湾恒力奶牛养殖场为基础，将只具有单一养殖功能的沙湾西村水牛养殖场，扩展建设为设施一流、景观一流、管理一流的沙湾水牛养殖基地和沙湾水牛奶体验区，使其适应沙湾休闲旅游业的需要，即它不仅是水牛养殖基地，也是沙湾特色旅游点。实行“五统一”的规范化管理，即统一规划设计、统一引种、统一防疫消毒、统一饲料用药、统一产品销售，达到“外观像花园式工厂，里面家家养”的要求。基地建设，必须具备沙湾建筑特色，使其与沙湾古镇旅游区做到景观、形象的统一。建立奶农合作组织，加强奶农与上下游环节的联系；推动标准化建设，建立沙湾水牛养殖标准和规范，确立水牛和水牛奶的沙湾标准。镇政府要为沙湾水牛养殖保留一定的土地资源，使其不受侵蚀；同时，在沙湾标准化建设基础上，推动沙湾水牛养殖与镇域之外乡镇的产业合作，扩大沙湾水牛养殖规模。

4. 沙湾特种水产养殖园区

在九如古坝片优质水产基地和紫坭、三善、龙湾水产养殖基地基础上，建设番禺沙湾特种水产养殖园区。由农办牵头成立沙湾特种水产养殖园区建设推进工作领导小组和技术帮扶小组，结合沙湾实情和水产养殖标准，按照“因地制宜、统一规划、连线开发、承包经营、政府服务”的思路，加快发展进程。要在适宜水域建成集高产精养池塘、垂钓休闲为一体的综合养殖园区。同时，要完善配套基础设施，在相关入村道路明显处树立番禺沙湾水产养殖园区标志牌，在园区内建规划影壁，园区整体规划一目了然，各水产养殖户也在明显处标出所养品种、规模等内容，按照农业部31号令要求，渔用药物使用准则、养殖用水、养殖生产、渔用饲料和水产养殖用药、违禁渔药等内容要制牌上墙。选择一定规模的旧池塘，对其进行改造，建成垂钓池，垂钓池要建有垂钓台，垂钓池旁建有农家小院，配备农家餐饮，集休闲娱乐餐饮于一体。中远期目标：建成现代化程度高、技术先进、品种优良的广州特种水产养殖示范园区，番禺无公害渔产品基地，成为沙湾休闲娱乐的又一好去处。

（二）都市工业：建设休闲旅游型“都市产业社区”

1. 沙湾威乐珠宝产业城

以沙湾威乐珠宝产业园为支撑，按照“产业社区”和“城市综合体”的建设思路，重新打造和构筑威乐珠宝园，建设沙湾威乐珠宝产业城，在来料加工出口基地的基础上，以珠宝为主题，着重营造其休闲旅游的特色功能。沙湾威乐珠宝产业园的现状是境外黄金来料加工业务的工业园区，至今已完成14幢标准型厂房、2幢豪华型厂房、6幢员工宿舍以及1幢综合办公楼。园区内加工出口环节的配套已经比较完善，海关、外经、检测、押运、报关公司等政府部门已驻园提供“一站式”服务，但产业链的高端环节（如研发、设计、会展、营销、信息中心、科技服务、人才培养、人力资源服务等）缺乏。究其实质，它还只是一座用铁栏围起来的大工厂，里面是工作生活两用。下班的工人们涌出在门外各个小餐馆或小商店买吃的用的。产业发展层次依然较低，对沙湾经济带动十分有限，与沙湾镇产业发展的融合度不高，缺少高端生产要素的集聚。近期目标是，按照制造业服务化、制造业升级和沙湾以休闲旅游业为发展重点的要求，立足沙湾珠宝产业园的现状，将沙湾珠宝产业园与其周边区域进行统一规划，即沙湾珠宝产业城的规划，以此引领福涌村的“三旧改造”建设工程。中远期目标是沙湾珠宝产业城的开发和建设，着重将其打造成为以珠宝为特色的都市产业社区，彻底改变福涌片区的旧貌。沙湾古镇北部最终崛起一座“珠宝科技新城”。

2. 沙湾科技工业城

沙湾的洗染机械、电子电器等，已经确立一定优势，但其技术层次仍需进一步提高，尤其是产业链的高端环节和生产服务，仍是其薄弱环节。依托沙湾商会和洗染机械协会及骨干工业企业，建设沙湾科技工业城，将其打造为沙湾制造业的高端环节的服务平台。对于技术层次低、环境污染大、资源消耗多、景观破坏大的工业企业，通过严把标准关、环保关、生态关和规划关，促其升级转型或转移外迁，从而腾出空间和资源，引进发展高科技工业和现代服务业。在沙湾古镇北部，以沙湾现代科技工业和沙湾珠宝产业为基础，进一步向洗染机械特色产业总部基地、珠宝特色产业总部基地发展和迈进，结合产业社区和城市综合体的打造，从而在2020年左右真正崛起一座“沙湾珠宝科技新城”。

3. 沙湾特色农副产品加工园区

以广州番禺沙湾牛奶食品厂、广州沁芳园餐饮管理有限公司等为龙头，在沙湾西村及相邻相关的村（北村、南村）规划建设沙湾特色农副产品加工园区，为沙湾特色餐饮业的发展提供上游支撑。沙湾蔬菜、家禽、花卉、蔗糖、水产等因缺少加工龙头企业的带动，因而特色挖掘、标准制定、市场对接、信息化、国际化等难有突破性进展。为此，规划建设沙湾特色农副产品加工园区，既可让村民和镇村增收，也可为沙湾特色休闲旅游业的发展添砖加瓦。而沙湾食品工业本身又有箭牌和迈德乐等国际品牌的加工基地，再辅之以休闲旅游的特色功能拓展，可进一步丰富沙湾特色休闲旅游产品链。

4. 沙湾文化创意产业园

在景观大道与沙湾古镇、威乐珠宝产业园之间区域，依托沙湾丰富的历史文化资源和民间艺术瑰宝，充分利用旧厂区，规划建设沙湾文化创意产业园，成为沙湾吸引创业者、艺术家和高端人才的新载体、新平台。通过与文化创意产业的嫁接，将沙湾丰富的历史文化资源和民间艺术瑰宝产业化、信息化，使沙湾的历史、文化、艺术借助于文化创业产业的新手段（如动漫、写生绘画、电视电影、表演、文艺创作等）走出沙湾，成就沙湾的新未来。

（三）现代服务业：重点发展商贸、总部、酒店、旅游和运动休闲项目

1. 市桥地区综合商贸中心发展的新亮点

即实现都市级商圈、区级商圈和社区型商圈建设的并进，加快中心区商贸流通业在沙湾的崛起，使沙湾的商圈建设和更新成为市桥地区综合商贸中心发展的新亮点。都市级商圈：西环路商圈、市良路商圈和景观大道商圈。区级商圈：龙歧路中高档商贸商圈、大巷涌旅游文化商圈、岗心

路—经述路特色餐饮游乐商圈、青萝路创意文化和康体运动商圈、福龙路创新科技商圈。社区型商圈：中华大道社区商贸商圈、沙湾大道特色商贸商圈。

按照由东向西推进商圈建设原则，近期应重点建设如下商圈：两个都市级商圈即西环路商圈、市良路商圈，两个区级商圈即龙歧路商圈和大巷涌商圈，完善两个社区型商圈即中华大道商圈和沙湾大道商圈；中远期建设：一个都市级商圈即景观大道商圈和三个区级商圈即岗心路—经述路商圈、青萝路商圈和福龙路商圈（如图六所示）。

图六 沙湾镇商圈

2.5A 级的沙湾古镇旅游区

青萝嶂（滴水岩森林公园）以东、西环路以西、青萝路以南、沙湾水道以北，总用地面积约 705.57 公顷（即 10 583.55 亩；7 055 700 平方米），民居沿耙齿巷呈带状分布。街区聚落与外部自然环境保存完整，拥有大量明、清、民国时期的特色建筑，并形成以“三街六市”和“一居三坊十三里”为主体的格局。为较好地实施历史文化街区的保护计划，沙湾镇已将镇内约 7 万平方米（105 亩）范围列为历史文化街区核心保护区，按照功能进行划分，实行全面的控制。并将以车陂街、安宁西街为中心的约2.4万平方米古街区划为绝对保护区，其余为重点保护控制区；鳌山古庙群及区内历史建筑所占面积共约2240平方米为核心保护区域。沙湾古镇保护与开发项目计划在10年内完成，打造集历史文化展示、商业旅游活动于一体的国家5A级旅游区，在保护现有历史街区风貌和文物的基础上，带动飘色、广东音乐、饮食等民间文化向产业化发展，为民间文化提供生存空间，促进其传承和发展。2010年，古镇街区保护和旅游开发建设项目被列为区2011年重点建设预备项目，计划建设时间10年，估算总投资5亿元。

3. 打造“南广州户外运动圣地”

古镇、园林、湿地公园、森林公园、陆上绿道、水上绿道、水源区等旅游资源，对于广州、珠三角众多户外活动爱好者，是一个强力吸引。因此，在沙湾发展南广州最具规模和特色的户外运动、拓展训练和休闲的基地，是因时应势的行为，必有市场，且进一步增强沙湾作为“岭南古镇、旅游新城、南广州RBD”的吸引力和影响力。现有基础主要有：滴水岩森林公园、沙湾绿道、沙湾古镇、历奇山庄、国防训练基地等；拟发展项目有：水上绿道、湿地公园、高尔夫练习场、骑行天地、中央公园（连接滴水岩森林公园和沙湾古镇）、龙狮公园（沙湾水厂附近）、户外用品城、沙湾康体运动娱乐城、沙湾旅游和户外运动服务中心、休闲观光农业园区等。

4. 特色产业总部区

围绕沙湾特色产业（珠宝首饰、洗染机械、文化旅游）和优势产业（电子电器、五金、食品），打造特色产业总部沙湾基地。加大力度吸引镇内外制造企业管理总部、运营总部、研发总部落户，力争到2015年吸引15家以上企业总部入驻。

5. 沙湾古镇文化创意产业社区

沙湾古镇街区除了众多历史文化景点外，也散布大量民居私宅，在保护村民私有产权和村民集体产权前提下，引导其招租引才或招商引智发展历史文化创意小店和企业，形成与古镇旅游区互为依托和支撑的南广州历史文化创意产业集聚地。将古镇旅游与岭南历史文化的亲身体验结合，丰富和拓展沙湾古镇的文化纹理和内涵。

6. “青萝天地”

“青萝天地（荔园新天地）”，项目占地面积约9万平方米，拟建设为商业面积超过 20 万平方米，集休闲、旅游、餐饮、娱乐、购物、文化、酒店于一体的大型城市商业综合体。

7. 番禺南区最大农副产品综合商城

沙湾镇东片区和桥南街集中居住大量高品质楼盘的人口，购买力强，对生活品质要求较高，亟须配套一个综合型的高品质农副产品大型超市或综合商城。在龙岐村选点（最好是在金沙湾花园以北、雅居乐星源以南、雅居乐锦官城以东、岐山医院以西的旧村区域）高标准建设一座南区最大农副产品综合超市或商城，以顺应番禺中心城区南区的发展需要。

8. 公园式“沙湾康体运动娱乐城”

在象贤中学、华阳学校附近区域，通过旧厂区的改造，建设一个 300～500 亩的沙湾康体运动娱乐城，进一步丰富沙湾休闲旅游业态。沙湾康体运动城内设网球馆（不少于 10 个场）、羽毛球馆（不少于 30 个场）、乒乓球馆（不少于 20 张台）、桌球馆、保龄球馆、溜冰馆、游泳馆、健身馆、康复中心、沐足中心、康体商业中心、特色餐饮店（3～5 家即可）等，以运动、休闲和娱乐为主。努力将其打造成为南广州十分知名的运动休闲型场馆，以增强沙湾的休闲旅游吸引力，支持并带动相关产业发展。

9. 新建 3～5 家四星以上酒店

三桥南桥脚、北斗大桥北桥脚东西两侧、大莱木业旧厂房、凤山水泥厂旧厂房等，引资新建 3～5 家星级酒店，以因应广州南拓和沙湾镇向商旅经济、总部经济转型的需要，这些四星以上酒店大楼也自然成为沙湾经济和城建加速转型的几个最突出的地标性建筑。

10. 引进一批经济型品牌酒店

经济型酒店主要是指以大众旅行者和中小商务者为主要服务对象，以客房为唯一或核心产品，价格低廉（一般在 300 元以下）、服务标准、环境舒适、硬件上乘的现代酒店业态。沙湾增建一批经济型品牌酒店，主要是为满足沙湾加速发展休闲旅游经济和商贸商务经济的现实需要和未来需求，弥补沙湾目前在酒店业这一块的滞后和不足。

五、社会发展和精神文明

推动现代化城镇建设，营造既适应国际高端资源落地，又适宜发展自主品牌创新的宜居宜业宜游的优美生态环境；坚持以人为本、构建和谐社会；坚持社会发展与经济发展相适应，实现经济社会的相互促进、相互协调、共同进步；坚持社会发展与城市管理相适应，确保社会事业基础设施满足广州大都市新城区的基本要求。

（一）优先发展教育事业

1. 不断加大教育投入

注重优化教师队伍建设，不断壮大优秀教师群体，力争到2015年和2020年义务教育专任教师本科及以上人员比例达到70%和90%以上，全镇教育现代化主要指标要达到国际先进水平。到2015年，学前教育入园率和中小学入学率、巩固率均保持100%，高中阶段毛入学率达到100%，普通高中毕业生升学率达到95%以上，高等教育毛入学率达68%以上，新增劳动力人均受教育年限达15年，主要劳动力受高等教育的比例达26%。争取将学前教育纳入政府经费预算，确保其投入。

2. 依托百年老校，打造优质教育品牌

沙湾镇拥有四所百年老校：中心小学、京兆小学、红基学校和象贤中学；两所民办学校：万翔小学和华阳学校（初中）。而早在2003年，沙湾镇就已成为番禺区第一个广东省教育强镇。2010年底，随着兴贤小学（原涌口小学）顺利通过广州市义务教育阶段规范化学校评估，沙湾镇100%公办中小学都成为广州市规范化学校，沙湾镇优质均衡教育得以真正实现。“十二五”及今后一段时期，沙湾镇应着力打造一批优质教育品牌。公办中小学应首先着力提升象贤中学、象达中学、中心小学、红基学校、京兆小学等公办中小学教育品牌，成为番禺区领先广州市知名的教育品牌学校；强化对民办学校的引导和支持，促进万翔小学和华阳学校的质量提升，成为省内优质民办学校，增强对外来务工人员和新番禺人的吸引力。

3. 优质均衡教育拓展至学前教育，在番禺率先取得学前教育新突破

以“好入园、入好园”为出发点，像重视义务教育一样抓好学前教育，使优质均衡教育拓展至学前教育。所以，本着基本能满足辖区内幼儿就近入园的原则，根据人口分布情况，统一规划设置幼儿园。加快建立起以公办幼儿园为依托、以优质园为骨干、灵活多样的早期教育服务网络。逐步形成政府主导、教育部门牵头、各相关部门多方协作的早期教育发展

新格局，创建0～3岁儿童早期教育指导和辅助体系，普及3～6岁学前教育，创建2～3所具备现代技术教育特色的学前教育示范园。充分挖掘幼儿园教育资源，进一步加强对民办幼儿园的管理。不断提高办园质量，提升办园水平，到2015年，60%的幼儿园达到省级优质幼儿园的办学条件，2020年，100%的幼儿园达到省级优质幼儿园的办学条件。使全镇幼儿教育资源进一步得到整体优化。

4. 大力发展职业教育

位处沙湾镇的广州番禺职业技术学院作为广州高职教育的龙头院校和国家首批28所示范院校之一，沙湾镇要加强与它的合作，研究深入合作的重点领域，共同发展和提高。大力提高职业教育水平，积极发展民办教育，着力构建适应“旅游沙湾”“休闲沙湾”“文化沙湾”和“科技沙湾”建设的职业教育体系。加快构建终身教育体系，加大财政投入，积极打造学习型“广州名镇”，大力发展社区教育，加快创建“学习共同体”，推动建立数字化教育平台，争创全国社区教育示范镇，提高全体镇民素质。

（二）构筑宜业宜居宜游的优美生态和环境

按照广州现代化中心城区、“全镇景区化”和“全镇公园化”的要求，美化、绿化、净化、亮化和文明化沙湾镇的生态和环境。

以水环境和大气环境治理与保护、噪声污染治理、环境安全、环境建设等领域为重点，加大环境保护力度。力争到2015年，实现全镇生活污水管网全覆盖，生活污水处理能力达到2万吨/日。加强清洁生产、节能减排的宣传，倡导低碳生活，力争完成节能减排目标。严格环保项目审批，尽快淘汰重点污染企业，严格监控工业污水达标排放，对重点污染河道进行整治。加大环境保护宣传，支持环保企业发展。充分利用山体、水道、农田、道路、河岸线等自然条件，形成由生态绿地——生产防护绿地——公园绿地组成，块状、带状绿地相结合的城镇绿地生态系统。加快“一镇一山一岛两片区”的景观化、公园化和一体化的建设，完善公共交通、公共服务系统，构筑真正宜居宜业宜游的景观环境和便捷条件。

（三）依托古镇历史文化资源，让“文化沙湾”名片走向国际

沙湾古镇历史文化资源丰富，“文化沙湾”是沙湾打造“广州名镇”

的核心与重点。文化沙湾的元素应充分挖掘，广东音乐、沙湾飘色、沙坑醒狮、清官文化、岭南建筑、岭南园艺、古镇街区、沙湾兰花等代表性的沙湾文化内涵与标识，需要进一步整理、保护、开发、推广和再创造，让"文化沙湾"的名片走出番禺，走出广州，走出广东，走向全国，直至走向世界。

擦亮"文化沙湾"的名片，将在以下几个方面着力。

1. "文化沙湾"的实物载体

"文化沙湾"的实物载体主要是指古镇街区、岭南建筑、岭南园林、岭南文化艺术的遗址和旧址、历史文物等体现和凝固了沙湾文化元素的实物。通过调查摸底弄清"文化沙湾"构成元素，通过合理规划及资金投入实现对"文化沙湾"实体元素的保护和传承。

2. "文化沙湾"的展示和研究平台

拟建岭南文化艺术展览馆、糖工业遗址展览馆、清官文化展览馆、兰花艺术游览广场、岭南水乡展览广场、广东音乐体验广场等展示平台，与相关科研院所和高校等进行合作，筹建或组建沙湾文化艺术研究所，在学术期刊、学术会议等成果发布平台推出沙湾文化艺术研究的各类成果，从而使得"沙湾文化"成为知识精英届的研究热点，进一步扩大"文化沙湾"的知名度和影响力。

3. "文化沙湾"的信息化

通过建网站，通过开发"文化沙湾"的影视和动漫作品，通过开发"文化沙湾"的游戏软件，通过开发"文化沙湾"的宣传册、文化衫等途径，使"文化沙湾"借助信息高速公路，迅速传播和广泛传播。

4. "文化沙湾"的产业化

"文化沙湾"的独特元素，需要借助于创新企业家及其群体的创意概念和相关创业金融的支持，才能走向产业化，产生市场效应，从而崛起新的产业。政府将推动建设文化创意产业社区或文化创意产业园，让创新企业家与创业投资人结合，将"文化沙湾"进一步升级为"文化产业沙湾"。

5. "文化沙湾"的全国化和国际化

通过广邀全国及全球的相关机构和人士，定期或不定期举办各类依托于沙湾文化独特元素的节事活动，把"文化沙湾"的魅力传至全国和世界。

（四）积极推进沙湾“非物质文化生态保护区”试点建设

沙湾历史悠久，“非物质文化遗产”资源丰富，但沙湾又处在城市化、国际化、现代化加速推进的前沿，妥善处理“非遗”资源，不仅必要，而且迫切。①组建沙湾镇“非物质文化遗产”工作小组，引导社会力量组建沙湾“非遗”传承保护基金；②完善名录体系及保护机制；③健全代表性传承人保护及传承机制；④分期分批对相关人员（“非遗”保护工作人员、传承人、传承单位）进行多层次、多学科、多形式的提高整体素质和工作能力的教育培训；⑤积极推进在中小学设立非物质文化遗产保护课程，和教育部门合作编写印发《番禺沙湾非物质文化遗产手册》，建立一批非物质文化遗产传播、教育基地；⑥积极举办、承办广州或番禺的“岭南非物质文化遗产”学术交流会，开展研讨交流；⑦完善数据库建设及非遗数字化保护机制。建设“沙湾镇非物质文化遗产网”，广泛推广沙湾镇各类非物质文化遗产，并使其成为沙湾镇非物质文化遗产共享、共建、共用的合作交流的平台；⑧积极推进沙湾非物质文化生态保护区试点建设，争取先将沙湾建成省级“非物质文化遗产生态保护区”，再进一步发展成为国家级“非物质文化遗产生态保护区”[①]。

（五）积极发展医疗卫生和体育事业

加大医疗卫生投入，支持沙湾人民医院改造提升，力争在“十二五”期间把沙湾人民医院建设成一所具备服务人口10万～15万规模，具有科、教、研相当水平的二级乙等区域性综合医院，争取成为1～2所医学院校的教学医院。到2020年，进一步建设成为三级甲等医院（可与省市

---

① 文化生态保护区是指在一个特定的区域中，通过采取有效的保护措施，修复一个非物质文化遗产和与之相关的物质文化遗产互相依存，与人们的生活生产紧密相关，并与自然环境、经济环境、社会环境和谐共处的生态环境。划定文化生态保护区，将民族民间文化遗产原状地保存在其所属的区域及环境中，使之成为“活文化”，是保护文化生态的一种有效方式。《文化部“十二五”时期文化改革发展规划》提出，编制并实施已设立的国家级文化生态保护实验区总体规划，统筹国家级文化生态保护区建设，新设立20个国家级文化生态保护区，探索完善非物质文化遗产整体性保护方式，强调积极探索科学合理的建设模式和整体性保护方式。广东省梅州客家文化2010年成为第五个国家级文化生态保护区，梅州是以“保护为主、活态传承、合理利用、重视发展”为总体思路，以非物质文化遗产传承人和传承群体为主体，以非物质文化遗产保护为核心，以文化空间和“文化质”为保护重点，有效保护，合理利用，发展文化旅游产业。

三级甲等综合型大医院合作建设)。

进一步加快人才的引进和培养，积极引进主治医师以上职称，本科以上学历，能填补医院技术空白的成熟人才。完善医护工作者培训机制，为医护人员进修提供条件，组成由学科带头人、优秀技术骨干、业务后备人才组成的合理的人才梯队，鼓励卫技人员参加各种培训和学习，提高学历层次和业务技能。

完善疾病控制体系，坚持预防为主方针，建立灵敏高效、快速畅通的疫情信息报告系统。加强卫生监督监测，对易发生急性职业中毒企业，存在安全隐患的送餐企业、中小型饭店，饮用水生产企业，以及非法行医诊所加大监督力度。提高应急处置能力，加强应急演练，完善各类突发事件应急处理组织网络。健全健康教育网络，大力普及卫生保健知识，提高居民健康知识知晓率，倡导健康文明的生活方式，确保中、小学健康教育开课率达100%。

充分建好、用好村级体育基础设施。继续加大对村、社区活动室的建设力度，加强住宅小区、社区体育娱乐设施配套，培养市民体育活动习惯，提高健身意识和身体素质。整合辖内各项体育设施资源，为群众创造良好的体育运动环境。

建设一批标志性的康体运动设施，建立政府引导、市场投入的发展机制。沙湾及沙湾所在的番禺、广州，体育氛围浓厚，几乎全民健身，迫切需要发展一批适应社区和辐射一定区域的康体运动设施，沙湾拟在原体育设施较缺乏的现实基础上，加建一批康体运动设施，以满足需要，也为沙湾构建“南广州RBD”添砖加瓦。

（六）大力保障和改善民生

从人民群众最关心、最直接、最现实的利益出发，加强政府责任落实，大力发展社会事业，促进社会事业服务均等化；动员一切社会力量，千方百计扩大就业，努力增加就业岗位；加快完善多层次社会保障体系，努力提高区内人民群众的社会保障水平；不断提高安全水平，建设“平安沙湾”，不断完善社会管理体系。

1. 积极促进就业

实施更加积极的就业政策。坚持劳动者自主择业、市场调节就业和政府促进就业工作理念，充分发挥市场机制在人力资源配置中的基础性作用，不断扩大就业渠道，努力创造更多的就业机会，加大招商引资力度，通过引进新的项目增加就业岗位。鼓励企业增资，扩大生产能力，增加就业岗位。力争到2015年城镇失业率控制在2%以内。

完善就业困难群体帮扶制度。积极开发社区物业管理、保安、公共区域保洁保绿等公益性岗位，妥善安置困难就业人员。利用政府出台的相关优惠政策，鼓励企业多吸纳困难就业人员就业。

建立健全公共就业服务体系。加强公共就业均等服务水平，举办各类就业培训，大力培养紧缺的技能型人才，力争到2015年完成1万人次劳动力培训，新增就业岗位1.5万人。建立企业用工和技能需求数据库，加强统计分析，发布企业用工指导。不断完善就业服务工作网络，推进村（社区）劳动保障工作站标准化和劳动保障协管员专职化建设。建立更加和谐稳定的劳资关系，健全企业劳调组织，完善平等协商制度。

2. 完善社会保障体系

提高社会保障水平。积极贯彻落实国家、广东省、广州市和番禺区出台的各项社会保障政策，加强对民营企业的督查，提高民营企业职工的参保率，不断扩大社会保障覆盖面。全面落实医疗、养老、低保、救助等政策措施。加快城乡社会保障统筹步伐。完善失地农民转移折算进入城保制度，逐步提高农村居民基本养老保险和征地保养金发放水平，有效保障农村老年居民基本生活。建立健全外来人口社会保障机制，让外来人口共享发展成果。

完善帮扶救助体系。做到应保尽保、公开公平公正，形成政府救助与社会帮扶相结合，鼓励劳动自救。全面开展残疾人就业、教育、托养和康复工作，建设残疾人维权和扶残、助残服务平台，推动建立残疾人康复中心、托养中心。建立困难人群大病救助基金，完善大病救助体系。更加重视低收入家庭的基本生活保障，完善贫困学生爱心助学制度，多渠道促进残疾人就业，全面落实优扶安置工作。发展慈善事业，继续推进标准化慈善超市建设。

更加重视老龄事业的发展。大力发展养老事业，力争到2015年，养老服务中心达到AA级水平。不断完善养老金发放与社区养老服务的联系保障机制。加大养老护理职业技能培训，探索开发养老护理公益性岗位，提升养老护理水平，稳定养老护理工作队伍。

3. 开展富民强村活动

积极推动富民工程。实施“就业富民、物业富民、创业富民、产业富民”战略，搭建富民平台，强化创业扶持，不断优化创业环境，鼓励自谋职业、自主创业和投资兴业，不断提高居民经营性收入、投资性收入的比重。

不断壮大村级经济。实施经济强村战略，积极探索农民产权股份化、集体经济发展、村级行政管理的新思路。按照“镇村联手、村村联合、多予不取”的原则，加强镇村发展规划制定，做到合理布局、规范操作、分步实施、有序推进，不断增加村级可支配收入。

不断缩小城乡居民收入差距。重点聚焦农民增收，深入研究农民增收渠道，不断丰富农民增收举措。加大农民创业小额贴息贷款的宣传、推进和完善力度，通过技能培训拓展农民就业渠道，进一步完善特困家庭收入稳定机制。推动企业建立健全职工工资集体协商公决机制、正常增长机制和支付保障机制，逐步提高职工特别是一线职工的收入水平。逐步提高最低生活保障、基本养老金等各类社会保障标准，加大政府转移支付向居民的倾斜力度。

4. 着力加强和谐社区建设

提高社区服务水平。建立全方位、多层次的便民服务体系，着力推动社区服务中心、社区教育中心、社区活动中心“三大服务中心”建设。加强便民服务中心建设，创新便民服务理念，增加便民项目入驻，积极打造“便民五分钟生活圈”，提供基本生活服务。加强社区服务工作者队伍建设，完善社区职业资格准入机制，建立社区工作人员培训制度。

完善社会管理机制。完善社区综合协调管理体系，形成由党委政府牵头，辖区单位、物业管理、卫生绿化、公安城管等相关部门联合的工作协调机制，形成各相关单位共负责、社区居委会相配合的环境整治长效管理机制和社区民警为主导、社区物业为依托、电子监控为手段、党员志愿巡逻队共参与的社区治安综合治理机制。

大力加强基层政权建设。加强村民自治，引导人民群众直接行使民主权利。着力做好“四个民主一公开”制度建设。进一步推进基层公共服务中心建设，推进干部队伍规范化、服务设施规范化、内部管理规范化、服务方式规范化建设。实现村社区社会公共服务中心全覆盖、全达标。

加强流动人口属地化服务管理工作。流动人口占沙湾总人口一半左右，对于沙湾和谐社区建设至关重要。因此，必须健全职能部门联动的出租屋和流动人口管理服务体系，构建统一的人口基础信息库，推行居住证和流动人口服务管理“一证通”制度，加强流动人口属地化管理、市民化服务。加强外来务工人员服务管理，继续推行和完善流动人口“积分制入户”政策，推动就业指导、技能培训、子女教育、法律援助、社会保障等基本公共服务逐步向外来务工人员覆盖。

5. 努力创建平安城镇

加大公共安全保障力度。加大财政投入，提高装备水平，增强快速反应能力。完善以预防为主，预防、处置、救援相衔接，统一指挥、反应灵敏、协调有序、运转高效的社会预警体系和公共突发事件应急救援机制。加快技防镇建设进度，提高政府防灾、减灾、抗灾和应对公共突发事件的能力，切实维护人民群众生命和财产安全。健全完善社会治安防控机制、突发群体性事项预防和处置工作机制、社会治安综合治理和维护稳定工作责任机制，加快完善综治维稳目标考核体系。加强政法队伍建设，提高执法队伍素质。完善法律服务，加强人民调解、普法宣传、社区矫正和安置帮教、法律援助等工作。

提高安全生产水平。高度重视安全生产，加强安全生产设施和生产安全应急救援体系建设，重点加强对危险品、建筑等的安全管理，加强学校、医院、金融行业等重点单位安保工作，防止重特大事故发生，落实安全生产责任制和安全事故责任追究制，有效预防和控制各类安全事故的发生。强化道路运输行业监管，落实“三小车辆”长效管理机制，积极创建路政示范镇。

积极维护社会稳定。正确处理新形势下的人民内部矛盾，完善大调解、大信访工作格局，落实工作领导责任制和责任追究制，加大社会矛盾纠纷排查化解力度。进一步健全社会风险评估机制和突发事件应急预案机制。强化法制宣传，规范信访秩序。健全领导干部接访、下访、包案等制度。

六、规划实施和保障

科学的规划要靠科学的组织实施来保障。全面实现中长期规划确定的各项目标和任务，必须掌握好规划实施的节奏和重点，建立完备的规划实施机制，保证规划得到切实执行。

（一）实施进度

为保证经济社会又好又快发展，要坚持“依法实施”原则，各项工作严格按规划组织实施。根据实施过程的具体情况，依据“动态调整，滚动修正”原则，保持规划实施进度的连续性。要把握规划实施重点，体现“规划带项目”原则，抓好不同时期重大项目的建设进度，强化对重大项目的协调监督管理，保证规划的顺利实施。

（二）保障机制

1. 加强组织领导

本规划一经批准，即成为全镇2011年至2020年（主要是“十二五”时期）的指导纲领，成为审批核准各类投资项目的重要依据。全镇将成立实施规划领导小组，协调解决规划实施中的重大问题，监督检查重大事项进展和落实情况。各部门在实际工作中必须统一思想，充分认识本规划的重要性，切实保障本规划对全镇经济社会发展的指导和调控作用。

2. 完善规划衔接

建立相关部门专项规划衔接机制，根据全区各项规划的制订和调整，对本规划做出相应的完善，同时要加强本规划与镇域总体规划、土地利用规划的相互衔接。

3. 健全考评机制

对规划涉及的工作目标、重点任务和改革措施，制订年度重大事项实施方案，落实牵头责任单位，定期对牵头责任单位的工作开展情况进行评价考核。

4. 进行科学决策

对于本规划的各项主要任务，完善专家论证和政府决策相结合的决策机制，建立多种形式的决策咨询和信息支持系统，确保各项决策的科学化。

5. 扩大公众参与

本规划要面向社会和公众，加强宣传力度，落实公众参与原则，增强公众规划意识，让更多的群众有序参与规划实施的决策和监督，广泛调动各方面力量积极参与沙湾镇的建设。

（三）规划调整

本规划一经批准，由镇政府组织实施。规划实施期间如遇发展环境发生重大变化或其他重要原因，致使原有规划内容不适应新的形势要求，镇政府可以对规划内容进行调整，并按有关程序报批。

附录 2　沙湾镇规划成果汇报摘选（PPT）

广州市番禺区沙湾镇

经济和社会发展中长期规划

成果汇报

沙湾镇和广州番禺职业技术学院联合课题组

2012年9月

汇报提要

1. 沙湾发展基础和环境
2. 沙湾的定位：城镇、产业、旅游
3. 沙湾的发展目标和战略
4. 沙湾的产业选择和发展路径
5. 沙湾旅游业的发展措施
6. 沙湾的社会文化事业发展举措

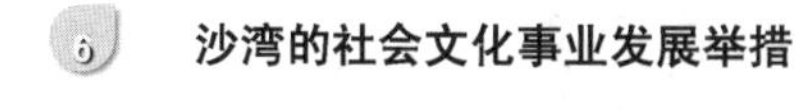